SAN JUAN DE LA CRUZ PARA NIÑOS Y JÓVENES

Biblioteca Alba y Mayo / Poesía, N.º 23

SAN JUAN DE LA CRUZ PARA NIÑOS Y JÓVENES

Edición preparada por
José María Muñoz Quirós
y María Victoria Reyzábal

Ilustraciones de
Marina Seoane

Segunda edición

EDICIONES DE LA TORRE
MADRID, 2024

José María Muñoz Quirós nació en Ávila en 1957. Licenciado en Filología Hispánica, catedrático de Literatura y doctor en Teoría de la Literatura. Autor de treinta y cinco libros de poesía, por los que ha recibido entre otros premios: Accésit del Adonais, Premio Ciudad de Burgos, Premio Tiflos, Premio Ciudad de Salamanca, premios internacionales San Juan de la Cruz, Jaime Gil de Biedma y premio Valencia, Alfons el Manánim. Es presidente de la Academia de Juglares de Fontiveros. Por el conjunto de su obra ha recibido el Premio Nacional de las Letras Teresa de Ávila, 2018.

María Victoria Reyzábal es licenciada en Filología Hispánica. Ha sido profesora de Lengua y Literatura de instituto y universidad y asesora de Lengua y Literatura en el Centro de Profesores de Latina-Carabanchel-Arganzuela. Además de otros trabajos de asesoramiento, actualmente es inspectora de Educación de Madrid-Sur. Ha impartido numerosos cursos y conferencias sobre literatura Española e Hispanoamericana, Lingüística, etcétera. Colabora con varias revistas como Crítica Literaria. Así mismo ha publicado un sinfín de obras de poesía, ensayo y material didáctico relacionado con la enseñanza de la Lengua y la Literatura. Ha fallecido en Madrid en 2021.

Marina Seoane nació en Madrid en 1957. Estudió Escultura en la Escuela Superior de Bellas Artes de San Fernando. Después de licenciarse se dedicó a la ilustración de libros, especializándose en los infantiles y juveniles. Ha ilustrado para editoriales como Anaya, SM, Ega, Susaeta, Santillana, Edelvives, etcétera. También realiza carteles para TVE e ilustra para revistas como *Dinero*, *El Pequeño País*, *Muy Especial*. Ha escrito e ilustrado: *Viaje al País de las Hadas* (Anaya, 1996) y *Dónde están mis dibujos* (Edelvives, 1997). En esta misma colección ha ilustrado *León Felipe para niños*, *Blas de Otero para niños* y *Lope de Vega para niños*.

De la introducción y selección de textos:
José María Muñoz Quirós y
María Victoria Reyzábal
De las ilustraciones:
Marina Seoane
De esta edición:
EDICIONES DE LA TORRE
Espronceda, 20 28003 Madrid
Telf: 689 050 191
info@edicionesdelatorre.com
www.edicionesdelatorre.com
ET Index: 374AMP23
Primera edición: marzo de 1998
Segunda edición: diciembre de 2024
ISBN: 978-84-7960-490-5
Depósito Legal: M-25100-2024
Impreso en España / *Printed in Spain*
Gráficas Ulzama
Huarte (Navarra)

NOTA A LA PRESENTE EDICIÓN

Esta nueva edición de los poemas y la selección de textos en prosa de san Juan de la Cruz mantiene todas las características que contenían las anteriores ediciones: una presentación del poeta y su época, de su significado y su personalidad, que se edita sin ningún cambio, una selección de los poemas más significativos de la corta y genial obra poética del santo de Fontiveros y una cuidada selección también de la obra en prosa del poeta, de sus diversos tratados.

El único cambio que se ha realizado, en esta edición, es el título, ya genérico en la colección en los últimos poetas publicados, de «Para niños y jóvenes», abriendo el abanico de lectores a todos aquellos que, por cualquier circunstancia, se acerquen a la poesía de san Juan de la Cruz.

Seguimos considerando la necesidad de acercar a los más pequeños y a los jóvenes la poesía, el misterioso secreto de sus ritmos y sus significados, la riqueza que un poeta y un poema pueden suponer para su aprendizaje en los primeros y en los mejores momentos de su trayectoria educativa.

La poesía es un instrumento de gozoso conocimiento; a través de sus propuestas podemos acercarnos a los grandes misterios del ser humano. Y San Juan de la Cruz, el más alto poeta de la lengua castellana, nos invita a todos sus lectores, sea la edad que sea, a acercarse hasta los límites más profundos de la expresión poética como resultado de una proximidad con el gran enigma de la creación y la palabra.

Cuando un lector, en sus primeras experiencias con la poesía, se encuentra con algún texto de San Juan de la Cruz, posiblemente nunca lo olvide, aunque le sea costoso y complejo comprenderlo en plenitud. Pero la lectura de estos textos tiene la característica singular de poder realizarse en diferentes y diversos niveles, y desde esa condición la obra del poeta encuentra posibilidades muy distintas de comprensión y de lectura.

Quisiera recordar, en esta breve nota, a María Victoria Reyzábal, que conmigo preparó la edición de este libro: su ausencia nos ha dejado un espacio y un vacío difícil de llenar, y nos ha regalado su obra literaria. Vaya para ella esta nueva edición, en su memoria y en su recuerdo.

JOSÉ MARÍA MUÑOZ QUIRÓS

INTRODUCCIÓN

Su vida

Su nombre inicial fue Juan de Yepes y Álvarez y nació en Fontiveros en el año 1542. Fontiveros es y era un pueblo pequeño, situado en Castilla la Vieja (hoy Comunidad de Castilla y León), en la provincia de Ávila. Su padre, Gonzalo de Yepes, pertenecía a una familia de prósperos comerciantes, emparentada con eclesiásticos ilustres. Pero cuando se casó con Catalina Álvarez, mujer de humilde condición, fue desheredado y abandonado a sus propios medios, «aborrecido». Entonces fijó su residencia en Fontiveros y se dedicó a tejer paños como su mujer. En este pueblo vivieron doce años, hasta que, unos meses después de venir al mundo Juan, falleció su progenitor. Quedaron tres huérfanos y la viuda pidió ayuda a la familia de Gonzalo, sin conseguirla.

Juan pasó sus primeros años en Fontiveros entre privaciones y desgracias. En la iglesia del pueblo aún se conserva la pila donde fue bautizado. La penuria familiar no pudo impedir la muerte de su hermano Luis y sí provocó que la familia debiera emigrar, primero a Arévalo y luego a Medina del Campo. Cuando, en 1551, llega Juan a Medina del Campo se encuentra con una ciudad rica en la que se levantan palacios suntuosos con escudos en sus fachadas, múltiples iglesias, importantes conventos y hasta hospitales. Pero lo más sobresaliente era la plaza, lugar que albergaba una de las ferias más importantes de España e incluso de Europa. A ella acudían no sólo los mercaderes españoles, sino otros venidos de Portugal, Francia, Flandes, etc. Salvo la de Sevilla ninguna otra superaba a ésta en intercambio de productos y riquezas A pesar de esta pujanza económica, la familia de Juan seguía padeciendo estrecheces; por eso él y su madre vivían en la casa de su hermano Francisco, ya casado.

Dadas estas condiciones, Juan tuvo que ir a un orfanato, el Colegio de la Doctrina; en él se proveía de ropa y comida, y se enseñaba a leer y a escribir. A cambio, los muchachos debían pedir limosna para la propia institución.

Posteriormente, Juan fue aceptado para ayudar a los enfermos en el Hospital de las Bubas, establecimiento en el que se atendía gratis a los enfermos de sífilis pobres. Allí dormía, comía y trabajaba, pero pero seguía saliendo a recoger limosnas, ahora para los enfermos. Contaba diecisiete años cuando el director del hospital arregló su ingreso en un colegio de jesuitas. Los estudios duraban cuatro años y se enseñaba latín, historia y literatura. Juan debía compatibilizar esos estudios con su trabajo en el hospital, por lo que dedicaba a aquél las horas que se quitaba de dormir.

El mismo director del hospital le ofreció el puesto de capellán en él si se hacía sacerdote, situación que parecía la más aconsejable para el joven. Juan, sin embargo, se marchó con veintiún años (1563) al convento carmelita de Santa Ana, en el que profesaría un año después con el nombre de fray Juan de Santo Matía. Ese mismo año de 1564 es admitido en la Universidad de Salamanca, en la que estudia hasta 1567. Esta Universidad era ya famosa, contaba con eminentes profesores como fray Luis de León, pero también dentro de ella hervían las intrigas, en muchos casos acompañadas de acusaciones de herejía y de intervenciones de la Inquisición. Poco sabemos de sus tareas intelec tuales de esta etapa, salvo que debe haber leído a Dionisio Areopagita, *La consolación de la filosofía* de Boecio y, fundamentalmente, e*l Cantar de los cantares* y toda *la Biblia*; quizá incluso *El cortesano de Castiglione* traducido por Boscán en 1534 (San Juan es de todos los místicos españoles el que más concibe a Dios como suma Hermosura). Durante los años que estuvo en Salamanca, los estudiantes luchaban contra la enseñanza en latín y a favor de que se realizara en romance. Podemos suponer que Juan se decantaba por el castellano, pues era la lengua que usaba para sus escritos.

Juan se forjó intelectualmente en Salamanca, ingenuo y complejo, devoto y lírico. Algunos compañeros de esta época cuentan cómo Juan pasaba la noche en oración, se flagelaba la espalda hasta sangrar, ayunaba con asiduidad, se apartaba de conversaciones triviales y era especialmente severo en el cumplimiento de la regla y en exigir que los demás la cumplieran.

Cuando, en 1567, se ordena sacerdote y va a cantar misa a Medina del Campo, donde aún reside su madre, se encuentra con Teresa de Jesús, y este encuentro cambiará su vida. Teresa fundaba por entonces su segundo convento de carmelitas reformadas o descalzas, es decir, de religiosas que querían respetar rigurosamente la regla primitiva, y deseaba ampliar su reforma a los frailes. Contaba ya cincuenta años y conocía en Medina del Campo a Antonio de Heredia, aunque no lo consideraba persona muy adecuada para la ardua empresa que concebía. Sin embargo, él se ofreció con vehemencia y propuso a otro joven fraile, Juan de Santo Matía, el cual, no satisfecho con la relajación de su orden, pensaba hacerse cartujo, pues deseaba soledad y vida contemplativa. Teresa y Juan coincidieron, se entendieron y, a partir de entonces, trabajaron en aras de los mismos ideales.

Los carmelitas habían surgido en Palestina; desde allí emigraron a Europa donde tuvieron que competir especialmente con franciscanos y dominicos, ya bien implantados. Pero se expandieron con rapidez, si bien a costa de perder su austeridad inicial. El papa Eugenio IV había suavizado su regla y ésta era la que regía la vida de la orden en la época. Teresa inicia la reforma o el retorno al tipo de vida original en 1562, basándose en la regla de 1247, restableciendo así la exigencia de pobreza, retiro, ayuno y oración. La oración que defendía Teresa era la mental, la que surge de la meditación, lo cual le acarreó no pocos problemas, pues en aquellos años se rezaba vocalizando las plegarias. La vida de los frailes, más severa aún, incluía el predicar en las iglesias, pocas horas de sueño y penitencias semanales. Dios era amor para estos hombres y mujeres y la relación amorosa con él se ganaba mediante el renunciamiento a las cosas de este mundo y a través de la entrega del propio ser.

Duruelo, un pueblo cercano a Fontiveros, fue el lugar donde se fundó el primer convento de frailes carmelitas reformados o descalzos. Allí se despojó Juan de su segundo nombre y tomó el definitivo de de fray Juan de la Cruz. La comunidad creció pronto y antes de los dos años tuvo que trasladarse al pueblo próximo de Mancera. En los años siguientes, los carmelitas reformados, tanto monjas como frailes, continuaron extendiéndose con rapidez.

La falta de entusiasmo de San Juan por las empresas de este mundo probablemente decepcionó a Teresa, que no pudo contar con toda su dedicación y empeño para crear y dirigir nuevos conventos. La personalidad necesaria creyó encontrarla en Jerónimo Gracián, teólogo que entró en el Carmelo reformado, en 1572, con el nombre de Jerónimo de la Madre de Dios. Sin embargo, con el tiempo, y a pesar de contar siempre con la predilección de Teresa —ésta tenía sesenta años cuando lo conoció—, Gracián demostró no poseer el brío y la decisión necesarios para dirigir la orden. Pero lo que importa destacar es que en la mutua amistad entre Juan y Teresa, con ser cálida y sincera, había pequeñas desavenencias o diferencias propias de dos temperamentos si bien místicos, también dispares. Ella quería a alguien que, sin rechazar sus anhelos interiores, fuera capaz de trabajar en el mundo para extender la orden reformada.

Por estos años, Juan y Teresa conversaban cada semana, pues ambos estaban en Ávila. Ella ya había alcanzado su máximo esplendor espiritual, y esta relación debió enriquecerlos a los dos. Teresa pronto comenzaría a escribir *Las moradas* o *El castillo interior* (1577) y Juan no había escrito aún ninguna de sus grandes obras. Pero pronto les sorprendió una realidad amarga: la persecución de los descalzos por los calzados, la cual culminó con el secuestro de Juan, que fue conducido a lugar desconocido. A pesar de las diligencias de Teresa ante el rey, los obispos y el propio Gracián, no logró liberarlo.

Juan había sido encarcelado secretamente en Toledo (1577) y un tribunal de los calzados lo consideró culpable de rebeldía y contumacia, por lo que se le condenó a prisión por tiempo indefinido. Teresa, al enterarse, diría que hubiera preferido que «estuviera entre moros»; sin embargo, al saber su fuga y las penalidades sufridas en prisión también manifiesta: «Tengo una envidia grandísima». Se encerró al frailecillo en una habitación estrecha y húmeda, casi sin luz ni ventilación, muy fría en invierno y asfixiante en verano. Durante nueve meses permaneció allí sin poder mudarse, estaba repleto de piojos y padecía disentería. Sólo comía un mendrugo de pan y alguna sardina, pero además había días de ayuno en los que se lo conducía al refectorio y allí, arrodillado en el centro, oía acusaciones como las siguientes:

> ... vos, hipócrita, no aspiráis a ser santo, sino únicamente a que os tengan por tal: no a la edificación de la gente, sino a la satisfacción de vuestro amor propio. ¡Mirad, hermanos, a este miserable y desgraciado frailecillo, que apenas sirve para portero de un convento! Pretende reformar a los demás cuando lo que necesita es reformarse a sí mismo. Ahora descubrios la espalda: ahí escribiremos las reglas de la nueva reforma...

A continuación recibía la disciplina en la espalda; a su vez, cada fraile lo golpeaba con una vara mientras todos cantaban el *Miserere*. Juan aceptaba el castigo en silencio y con humildad. Las marcas del mismo le duraron toda la vida. Al fraile descalzo lo atormentaba, más que los castigos físicos, la angustia por no saber nada de Teresa y sus hermanos, el que ella pudiera pensar que había desertado, el miedo a que lo envenenaran y, sobre todo, las dudas acerca de si de verdad lo suyo podía calificarse de desobediencia. Estas penalidades se recogen en sus obras *Subida del monte Carmelo* y la *Noche oscura del alma*.

Salvo para hacerle esas acusaciones, todos tenían prohibido hablarle, por lo que sufría la más atroz incomunicación; también, al irse pudriendo su túnica con la sangre, se le llenó el cuerpo de gusanos. Quizá a causa del estado límite en que se hallaba, cambiaron a su carcelero, y el nuevo le dio, además de ropa limpia, pluma y tinta para escribir. Con este material compuso treinta estrofas del «Cántico espiritual» y algunas otras poesías, partiendo de los sufrimientos que padecía durante su camino de perfección en la búsqueda de Dios, experiencias luego recogidas, como ya se ha indicado, en la *Subida del monte Carmelo* y la *Noche oscura del alma*, pero que no anularon su capacidad amatoria:

¿Adónde te escondiste,
Amado, y me dejaste con gemido?

«Cántico espiritual», 1

Desesperado ante el paso del tiempo y el mantenimiento de su prisión, Juan decide escapar; algunos sostienen que con la ayuda de su carcelero, pero parece que no fue así. Anudando tiras hechas con sus viejas mantas, se desliza por una pared y, a continuación, trepa por el muro de la ciudad. Como era de noche tuvo que descansar en un zaguán para por la mañana presentarse en el convento de las monjas descalzas. A la externa le dijo: «Hija, fray Juan de la Cruz soy, que me he salido esta noche de la prisión. Dígaselo a la madre priora». Ésta le permitió entrar en la clausura, para la cual sirvió de excusa una religiosa enferma que requería confesión. Tenía la barba crecida, el hábito destrozado, sin capa ni capuchón, y tan gran debilidad que casi no podía hablar ni tenerse en pie.

Pronto los calzados descubrieron su fuga y lo empezaron a buscar por la ciudad, registrando también el convento de las descalzas, pero sólo la parte exterior. Testigos de estas horas en el convento luego recordarían que Juan dictó unos versos compuestos en su cautiverio; eran tres romances sobre la Trinidad que comenzaban con la expresión: *En el principio moraba*. Además hablan de un cuaderno en el que estaban escritas algunas estrofas del «Cántico espiritual». No obstante, las monjas, sabiendo que Juan estaba allí en peligro, pidieron al amigo Pedro González Mendoza, canónigo de la catedral, que se lo llevara a lugar seguro, y éste, por la noche, lo trasladó al Hospital de la Cruz, muy próximo al convento del que había huido.

La reforma carmelita seguía perseguida. Juan fue enviado, para alejarlo y quitarle influencia, a un convento de El Calvario, en la frontera oriental de Andalucía. Ocho meses estuvo allí y fue el tiempo más feliz de su vida. Tenía treinta y seis años, había madurado y repuesto de sufrimientos su maltratado cuerpo. Parece que fue aquí donde escribió el poema que comienza diciendo *En una noche oscura* y más estrofas del «Cántico espiritual».

Sin embargo, también se ocupaba de otras obligaciones, pues cada sábado iba a pie hasta Beas para confesar a las monjas. De las enseñanzas y la guía espiritual oral que impartía a estas religiosas surgió la base de lo que después sería la *Subida del monte Carmelo* como comentario a «En una noche oscura», texto que terminaría años después. También comenzó el comentario del «Cántico espiritual». Como se puede ver, estas visitas al convento de Beas resultaron fundamentales para restablecer el ánimo de Juan y desarrollar su obra en verso y en prosa.

Dejó El Calvario en 1579, cuando lo enviaron como rector al colegio carmelita de Baeza. Los descalzos habían ganado, al menos provisionalmente, y los carmelitas se dividieron en dos ramas independientes. Baeza era en aquella época una ciudad pujante y en ella residía la Universidad creada por otro gran siervo de Dios, Juan de Ávila. Vivió aquí más de dos años, pero sin alegría. Las exigencias de su cargo y el carácter andaluz lo sacaban de su vida contemplativa y Juan deseaba volver a sus largas horas de oración y mortificación, quería retirarse a algún lugar aislado en el que poder disfrutar de la naturaleza (el amor y la sensibilidad que este poeta revela tener a la naturaleza no resulta nada común en esta época).

En 1581, el papa confirma la separación de reformados y calzados y Juan pide regresar a Castilla; sin embargo, fue nombrado prior de Los Mártires de Granada. Bien en Baeza o luego en Granada, Juan completó su «Cántico espiritual». En Granada tuvo que permanecer los tres años siguientes más otros tres yendo y viniendo y en esta ciudad culminaría su inigualable obra literaria, rodeado de uno de los paisajes más hermosos de España. Se llevaba a los frailes jóvenes al campo para que aprendieran a ver a Dios en la naturaleza, aconsejándoles buscar el silencio y practicar la mortificación, tener paciencia en el sufrimiento y vaciar la mente de cosas mundanas.

De manera que, en Granada, Juan remata la *Subida del monte Carmelo* y escribe la *Noche oscura del alma*, los dos comentarios en prosa a «En una noche oscura». También completa el comentario al «Cántico espiritual» y escribe el poema «Llama de amor viva» y su comentario. Parece que redactó también la obra en prosa «Propiedades del pájaro solitario», pero este texto se ha perdido.

Los vaivenes de la orden de los carmelitas descalzos no paraban. En 1578 entra en ella el genovés Nicolás Doria, muy bien recibido por Teresa, que no acertó a ver el ansia de poder de este nuevo fraile que tomó el nombre de Nicolás de Jesús María. Con el tiempo se comprobaría que era inflexible, calculador, ambicioso y hasta tiránico. A la muerte de Teresa anuló a Gracián y dividió la orden en dos facciones enfrentadas. Juan apoyaba

 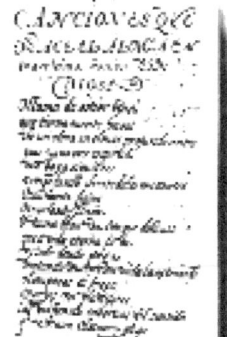

(*Arriba.*) Cuadro de San Juan de la Cruz ante cristo crucificado, del siglo XVII, en el convento de los carmelitas descalzos de Brujas.
(*Abajo.*) Códices del siglo XVI de «Llama de amor viva», conservados en Sevilla y Córdoba respectivamente.

(*Arriba.*) Su dialogar, sus instrucciones orales ocuparon horas y horas en su vida. (*Abajo.*) Iglesia del convento carmelitano de Fontiveros, edificado en el lugar en que nació San Juan de la Cruz.

A la tarde te
examinarán en el amor

Dibujo original de
S. Juan de la Cruz

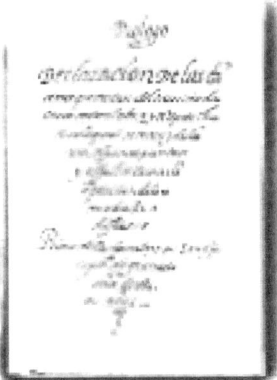

(*Arriba.*) Sepulcro de San Juan de la Cruz. Segovia.

(*Abajo izquierda.*) Dibujo original de San Juan de la Cruz, en el que se basó Dalí, y firma de San Juan.

(*Abajo derecha.*) Códice del «Cántico espiritual», redacción definitiva, conservado en Jaén.

(*Arriba izqierda*.) Edición principe de las *Obras*, 1618 Página 1 de la *Subida de monte Carmelo*.
(*Arriba derecha*.) Cubierta de las Obras espirituales.
(*Abajo*.) Cuadro de San Juan de la Cruz arrodillado ante Cristo resucitado, de Norberto van Reysschoot, siglo XVIII, conservado en Gante.

propuestas distintas a las de ambos bandos, quería priores elegidos por la comunidad y se oponía a enviar misiones a África y a aumentar las tareas de predicación. Todas estas propuestas eran defendidas por Gracián. Pero Juan ni siquiera consiguió que se le quitaran los cargos de responsabilidad, pues a su tarea como prior de Los Mártires sumó la de la vicaría de Andalucía, lo que lo obligó a viajar constantemente. Cuentan sus compañeros que, mientras cabalgaba, rezaba, leía *la Biblia* o entonaba pasajes del Cantar de los cantares, lo que le producía tal arrobamiento que, a veces, se caía del caballo. En estos años llevaba ya un cilicio que casi había recubierto toda su carne.

En 1587 se le permite dejar el cargo de vicario de Andalucía, pero se le obligó a seguir como prior de Los Mártires. Se dice que al saberlo lloró implorando no continuar en él. Mientras Doria se iba imponiendo y se conseguía del papa autorización para que el vicario general pudiera expulsar a cualquier fraile que a su criterio no cumpliera con sus obligaciones. Por el momento, Doria se conformó con enviar a Gracián como simple fraile a Lisboa, aunque en su mente ya debía tener el proyecto de expulsarlo.

Al fin, después de ocho largos años, Juan pudo volver a Castilla, a Segovia en concreto. Parece que en esta ciudad consiguió profundizar su camino de acercamiento a Dios; pasaba largas horas en total contemplación y por las noches, tendido bajo los árboles, rezaba en soledad. Cada vez le costaba más ocuparse de cuestiones prácticas o tratar con la gente. Hay testimonios que señalan que sólo dormía dos horas por día, pues a pesar de sus deseos debía atender muchos asuntos. Según afirma su hermano, residiendo Juan en Segovia le había contado que Cristo le ofreció atender sus deseos y que éste le había respondido: «Señor, lo que quiero que me deis es trabajos que padecer por vos y que sea yo menospreciado y tenido en poco». Créase este hecho o no, el futuro lo haría realidad.

Doria quería seguir imponiendo su voluntad; frailes y monjas se resistían, y defendían, entre otras cosas, su derecho a elegir confesor. La sucesora de Teresa, Ana de Jesús, apeló al papa y Gracián al rey; éstos los apoyaron y por el momento pareció que se respetarían los criterios establecidos por Teresa. Pero Doria se irritó al enterarse de dichas solicitudes y quiso prescindir de las monjas. Juan estaba en el medio de todos estos acontecimientos y los vivía con dolor, pues la conducta de Doria parecía basarse exclusivamente en la ambición. Doria, que hasta entonces había contado con él, empezó a percibir que podía resultar peligroso, aunque por su prestigio no pudo marginarlo aún.

En Madrid, en junio de 1591, se celebró un capítulo o reunión de la orden al que Juan asistió como miembro de la Consulta que dirigía. Pero allí se lo separó del gobierno y hasta dejó de ser prior de su convento. Nunca más ocuparía cargo alguno. Todos los amigos y seguidores de Teresa habían sido separados de la dirección de la orden por Doria. Juan permanecería un tiempo en el convento de descalzos de Madrid, bajo la autoridad de aquellos que lo despreciaban. Aceptó estas finalidades como manifestación de la voluntad divina, pero desengañado de los humanos, sobre todo de algunos de sus hermanos. Por eso cuando se lo envió al aislado convento de la Peñuela lo recibió con alivio, lo que resulta evidente en sus nuevos cantos llenos de paz interior. Se levantaba al alba y permanecía rezando hasta el mediodía; en los ratos libres escribía. A su paso por Segovia parece haber compuesto el poema que empieza: *Entréme donde no supe*, y ahora se ocupaba de una segunda versión en prosa de «Llama de amor viva». Por estas fechas, empezó a decirse que de su celda salían luces y olores aromáticos y que cuando regaba en el huerto se levantaba del suelo. A pesar de su reputación de santo, Doria recogía testimonios diversos para culpar a Juan después de haber encarcelado ya a Gracián. Todos los que habían tenido amistad con Juan sentían miedo; quizá fue entonces cuando hicieron desaparecer la correspondencia y eso explique por qué no nos han llegado las últimas obras en las que Juan trabajó y que el desarrollo de *Subida del monte Carmelo* y *Noche oscura del alma* se interrumpen de golpe. Los estudiosos de la vida de San Juan de la Cruz no conocen la razón de estas pérdidas, ni la falta de conclusión de esas obras. Para algunos, la causa fue la persecución de Doria; para otros investigadores, las denuncias hechas a la Inquisición.

Juan estuvo en La Peñuela sólo seis meses, luego cayó enfermo y lo llevaron a Úbeda. Una de sus piernas estaba llena de llagas y el médico debía cauterizarlas a pesar de los grandes dolores que la cura ocasionaba a Juan. La santidad que éste reveló en ese trance parece que hizo que el médico guardara los algodones con que lo limpiaba como reliquia, pues despedían gratos aromas. A su vez, las mujeres que estaban a su cuidado hicieron lo mismo con las vendas. Todo ello extendió su fama de santo; sin embargo, el prior le cuestiona constantemente lo cara que salía su alimentación y atención. Enterado del maltrato que Juan recibía, su antiguo compañero y cofundador de los carmelitas descalzos, Antonio de Heredia, fue a verlo para reconfortarlo. Juntos hacía doce años que, siguiendo a Teresa, habían iniciado la Reforma, y ésta corría el peligro de sucumbir.

Juan continuó empeorando, en medio de grandes dolores, aunque aún se exigía: «Más paciencia, más amor y más dolor». Al sentir cerca la muerte, pidió que quemaran las cartas que le quedaban. Mientras sonaban las doce, hora de maitines, se dice que Juan exclamó: «Hoy estaré en el cielo diciendo maitines», y luego murió. Era el 14 de diciembre de 1591, tenía cuarenta y nueve años y realmente podía exclamar:

Mi alma se ha empleado
y todo mi caudal en su servicio;
ya no guardo ganado,
ni ya tengo otro oficio;
que ya sólo en amar es mi ejercicio.

«Cántico espiritual», 19

La obra poética

Las obras de San Juan son el reflejo de su vida y sus creencias; nada en ellas tiene valor ornamental ni artificioso. Sin embargo, están cuidadosamente construidas aunque penetran en un complejo espacio psicológico difícil de describir con palabras; pero Juan sabe que va a ser leído, escribe para otros y plasma algo inusual en la mística católica: el deleite ante la belleza cósmica e incluso terrena. Juan supo gozar el paisaje, disfrutó el mundo sensible al que, poco a poco, superó, pero nunca renegó de la belleza.

Gocémonos, Amado,
y vámonos a ver en tu hermosura...

«Cántico espiritual», 35

Para decir lo indecible, lo inefable, para expresar su experiencia amorosa, el poeta tuvo que recurrir a las imágenes del amor profano, a las cosas y los hechos del mundo y simbolizar lo divino a través de semejanzas con lo humano; aparece así como en cualquier poesía erótica el recurso del oximoron o antítesis (la soledad sonora), el hipérbaton, la hipérbole, las sinestesias... En este sentido no resultaría desdeñable estudiar la relación o coincidencia de ciertos símiles con los habituales en la mística oriental.

De las obras que nos han llegado de San Juan, sólo una, el «Cántico espiritual», tiene cierta extensión. Las otras son poemas relativamente breves. Los estudiosos de su producción consideran que «Vivo sin vivir en mí» fue escrito entre 1572 y 1577, estando en Ávila. Pero su época más intensa de escritura comenzó mientras estaba encarcelado en Toledo, durante 1578, y se prolongó durante los años siguientes. En Toledo comenzó el «Cántico espiritual», texto que después de su fuga dio a las monjas de Beas. Hoy se nos hace difícil concebir que en la situación lamentable en la que estaba pudiera escribir poema tan bello. Luego, ya en libertad, siguió agregándole estrofas (el texto tiene cuarenta) y cambió el orden de las anteriores. Esta reorganización parece haber tenido lugar en Granada, entre 1585 y 1586. Como ya circulaban copias de la primera versión, la segunda no la sustituyó, sino que ambas subsistieron.

En la cárcel de Toledo escribió además la composición que comienza con el verso: *Que bien sé yo la fonte que mana y corre*, y algunos otros poemas menores. Se supone que, ya libre, escribió «En una noche oscura» y *Subida del monte Carmelo* (parece que a petición de las monjas de Beas, durante la primera mitad de 1579).

En Granada y durante 1585 compuso «Llama de amor viva», según cuentan como prolongación de su oración contemplativa. Alrededor de estos años escribe también «Un pastorcico solo está penado» y «Tras de un amoroso lance». Sin embargo, «Entréme donde no supe» parece que fue escrito en Segovia.

Dámaso Alonso analiza las influencias literarias que San Juan deja notar en estos poemas y las diferencia en españolas y bíblicas. Los precedentes españoles parecen centrarse en canciones populares y cultas y en la obra de Garcilaso de la Vega. Las canciones que se pueden rastrear en los textos de San Juan son de dos tipos: las populares que cantaba el pueblo y las más cultas que estaban recogidas en los cancioneros. En el «Cántico espiritual», la influencia de las canciones es escasa y parece nula en «Llama de amor viva» y «En una noche oscura», pero resulta evidente en el resto de poemas. Estas canciones solían referirse al amor humano, pero muchos devotos las modificaban para hablar del amor a Dios. San Juan siguió esta tradición llamada de escritura a lo divino.

Pero lo más logrado de su obra, «Cántico espiritual», la «Noche oscura» y «Llama de amor viva», bebe en los textos de Garcilaso de la Vega, introductor en España del arte nuevo italiano. Garcilaso populariza el verso endecasílabo en castellano, que añade tres sílabas más al octosílabo, verso tradicional español. Pero quizá lo fundamental de esta aportación se base en la elegancia expresiva que poseen sus poemas. Tanto la métrica como la dicción poética se enriquecen de tal manera que Garcilaso abre la puerta al gran Siglo de Oro de las letras españolas. Esta poesía renacentista, con su amor por la armonía y la belleza, la sensualidad hacia la naturaleza, la idealización del mundo de los pastores, la musicalidad de sus versos, etc., era algo nuevo en España, pero sedujo rápidamente a los escritores y ya en el siglo XVI estaba totalmente impuesta. Las composiciones de Garcilaso manifiestan un tono melancólico como corresponde al amante no correspondido y presentan un ritmo, una cadencia suave y muy grata al oído, mucho menos tosca que el romance. Estas características resultaron perfectas para lo que San Juan quería lograr; así pudo incorporar métrica, imágenes, versos de otros para expresar lo que él experimenta. San Juan no inventa, recrea formas y expresiones para contar su excepcional sentimiento; sin embargo, esto no le resta mérito ninguno.

No obstante, la influencia de Garcilaso que mejor se aprecia en San Juan proviene de la versión a lo divino que de éste hizo Sebastián de Córdoba en *Las obras de Boscán y Garcilaso trasladadas en materias Christianas y religiosas*. Aunque este escritor religioso no fue más que un poeta mediocre que degradó la calidad de los versos garcilasianos, su versión fue la que especial y directamente influyó en San Juan. El trabajo de Sebastián de Córdoba apareció en 1575, mientras San Juan estaba en Ávila y, evidentemente, éste lo conocía, ya que lo cita en varias ocasiones.

Juan de la Cruz tomó de Garcilaso y Córdoba la métrica, es decir, el verso endecasílabo, y con ella escribió sus cuatro mejores poemas. El «Cántico» y la «Noche oscura» están compuestos en estrofas llamadas liras y la semejanza que tiene «Cántico» con respecto al poema de Garcilaso «Si de mi baja lira» resulta incuestionable; la misma estrofa fue utilizada en la «Llama de amor viva», pero en lugar de con cinco versos, con seis. El mismo Fray Luis de León utilizó la lira en sus poemas y años más tarde manifestaría gran admiración por los textos de San Juan. Pero San Juan tomó aún más elementos de Garcilaso, como el género pastoril: un diálogo bucólico es el que sostienen Amado y Amada en el «Cántico». Los recursos retóricos que utiliza son los convencionales en la poesía pastoril española, hecho que no debe extrañarnos pues el mismo *Cantar de los cantares* era considerado obra pastoril, además de modelo para la inspiración mística.

La influencia que ejerció la *Biblia* en San Juan es de otro tipo; no toma tanto expresiones o recursos literarios, sino escenas, sucesos, tonos... El *Cantar de los cantares* se leía entonces como una alegoría del amor de Cristo por su Iglesia; Juan transforma esa visión, centrándola en el amor del alma por Cristo y lo hace aprovechando versos enteros.

Sin embargo, no hay que olvidar que, a pesar de las evidentes influencias literarias, los poemas de San Juan tienen siempre una base autobiográfica. Prácticamente todos sus textos están escritos en primera persona del singular. En el «Cántico» se recogen las angustias de sus días de cárcel; en la «Noche oscura», la experiencia dramática de la fuga que se concreta aún más en el comentario *Subida del monte Carmelo*. Pero, por encima de estos acontecimientos de su vida, lo que San Juan describe es sus experiencias místicas, algo muy difícil o imposible de transformar en palabras; por eso tiene que recurrir al uso de imágenes y símbolos amorosos y hasta eróticos. Él mismo manifiesta desazón por no entender del todo su propia experiencia, su propio arrobamiento y además la de no ser capaz de comunicar lo que siente, y por eso sostiene: «Era cosa tan secreta / que me quedé balbuciendo». Balbucear o balbucir remiten a un habla dificultosa, vacilante, en la que se confunden incluso ciertas letras o sílabas. Y es que el alma del hombre Juan se hace niña ante su Amado y el lenguaje resulta herramienta pueril para plasmar el placer que produce la unión del alma-Amada con Cristo-Amado. Lo mismo sucede cuando quiere comentar racionalmente el poema ya escrito, con qué «manera de palabras se pueden bien explicar» estos trances.

Para manifestar esta experiencia, como ya hemos indicado, San Juan combina elementos de las canciones populares españolas, elementos del Renacimiento italiano a través de la poesía de Garcilaso pasado por Sebastián de Córdoba y de la *Biblia*, pero fundamentalmente se basa en su propia necesidad expresiva, en su propio desbordamiento que es el que selecciona y reelabora los influjos culturales.

Lo cierto es que cada vocablo, cada imagen, cada giro, cada escena de la obra de San Juan pueden retrotraerse a varias fuentes, casi nunca a una sola; es decir, que él «condensa» influencias, con lo que obtiene un resultado riquísimo en cuanto a continuación de la tradición y, a la vez, original, único en su fuerza y transparencia literaria.

Los poemas de San Juan ofrecen una alegoría del viaje interior, del peregrinar del ser humano hacia una meta superior; de ahí proviene su sensación de movimiento, de ligereza, de plenitud. Hay momentos de gran angustia, pero también de enorme pasión, de gozosa ternura e incluso de total felicidad entre cedros, lirios o espesuras. Está la sensualidad oriental, pero equilibrada por el refinamiento renacentista y por la austeridad castellana. Hay amor, pero virginal, lo cual no quiere decir que no sea total, sino que está limpio de cualquier dependencia carnal. Y esto se dice con un lenguaje alegórico o simbólico, en manifestaciones metafóricas, pero a la vez utilizando una expresión clara, directa, sin rebuscamientos, a través de formas sintácticas habituales en la literatura de la época, pues, como ya hemos indicado, casi copió estructuras gramaticales ya plasmadas por otros. Si su poesía resulta difícil es por la complejidad del tema, pero no porque la construcción lingüística de sus versos no sea diáfana. San Juan basa la fuerza de sus frases en los sustantivos, pues recurre poco a verbos y usa escasos adjetivos... y cuando lo hace los concentra en pocos versos.

En ciertos versos, mediante la repetición de algunos sonidos en las palabras o aliteraciones trata de completar el significado, dar musicalidad al sentido de lo que quiere expresar, imitando sonoridades. Así, mediante la acumulación de *eses* indica la rapidez con que pasa el Amado:

pasó por estos sotos con presura...

«Cántico espiritual», 5

A su vez, mediante la superposición de nexos y reiteraciones de «que» manifiesta la dificultad de decir lo inefable, casi reproduciendo una especie de tartamudeo: que, que, que:

un no sé qué que quedan balbuciendo.

«Cántico espiritual», 7

La rima de sus composiciones suele ser consonante, de palabras llanas o graves que combinan vocales fuertes (e, o, a) con débiles (i, u). Logra de esta manera una cadencia suave que no se produciría con la utilización, por ejemplo, de palabras agudas con vocales fuertes: amor, pasión, razón... Así, a través de la rima se logra una melodía armónica y plácida; lo mismo sucede con la utilización de los tiempos verbales imperfectos que sugieren suspensión, espera, calma y no la rotundidez extrema de otros tiempos: esparcía, miraba, en lugar de esparció, miró... Algo semejante ocurre con el léxico en general, que proporciona sensación de musicalidad y serenidad: valles solitarios, río sonoro, música callada, noche sosegada, lecho florido...

Éstos y muchos otros posibles ejemplos demostrarían que San Juan no sólo era un poeta inspirado o un poeta preocupado por registrar, a través de la escritura, un mensaje místico como han hecho algunos, sino que cuidaba y pulía la manera de decir, la forma en la que volcaba sus ideas y sentimientos, que tuvo en cuenta y refundió los recursos literarios usados antes por otros; en realidad, San Juan aprovechó todo lo que tenía a mano para plasmar poéticamente su experiencia excepcional. ¿Pero qué es y cómo se vive una experiencia mística? La mayoría de nosotros no lo sabemos. Y dependiendo de en qué investigadores nos basemos, los análisis serán muy diferentes porque tampoco ellos lo saben. Sin embargo, se puede asegurar que implica una conmoción tan profunda que nada se le parece, pues transforma a quien la vive. Esta locura de amor, que lo lleva a morir porque no muere, arrobó a nuestro escritor y su pasión le exigió cantarla, poetizándola para compartirla con el resto de la humanidad.

En el «Cántico espiritual» dialogan el Amado y la amada. El poema comienza con el lamento de la amada pues su Amado la ha enamorado y se ha marchado; ella lo sigue, lo busca por bosques y praderas, preguntando si lo han visto. La naturaleza confirma su paso y asegura que al mirarla la vistió de hermosura. La amada vuelve a manifestar su dolor pues todo se lo recuerda; por eso pide que se presente y la subyugue con su belleza. Entonces los ojos del Amado reflejados en una fuente llevan a la amada al trance. El Amado le habla y ella lo compara con las montañas, los valles, las ínsulas, los ríos, las noches, el silencio... Aquí se produce la unión amorosa, el éxtasis que San Juan ha logrado mortificando su cuerpo, anulando todos los deseos que no se dirijan al Amado. Por eso éste pide a las aves, los ciervos, los leones, las flores... la noche que no molesten a la amada que ahora duerme en sus brazos (aquí se resume lo mejor del *Cantar de los cantares*, como cuando la amada-pastora pierde a sus ovejas por seguir al esposo; aparecen rasgos comunes de la poesía pastoril y hay recuerdos de la canción popular española cuando la amada replica que la blanca paloma ha encontrado a su compañero y hace con él su nido de soledad). Ya el alma ha concluido su viaje y está sosegada.

El comentario que hace San Juan a este poema desmenuza el sentido de cada palabra, clarifica símbolos, explica alegorías, pero esta glosa no es necesaria desde el punto de vista literario. El tema resulta claro. Si nos parece difícil es porque la distancia de nuestra experiencia con la entrega mística nos lo hace inaccesible. El comentario explica la doctrina del «Cántico», pero no puede transmitir su belleza inigualable, sus logros poéticos.

En la «Noche oscura», San Juan toma el paisaje nocturno y su connotación amorosa de Garcilaso de la Vega cuando éste dice que el dolor:

> hizo que de mi choza me *saliese*
> por el silencio de la *noche oscura*
> a buscar un lugar donde muriese,
> y caminando por do mi *ventura*...

> «Égloga II», 536-539

El místico reconvierte el motivo de la noche oscura y declara:

> En una *noche oscura,*
> con ansias en amores inflamada,
> ¡oh dichosa *ventura*!

salí sin ser notada,
estando ya mi casa sosegada.

«Noche oscura»

Comparando estos dos fragmentos se constata que en cinco versos San Juan utiliza cuatro palabras de las elegidas por Garcilaso para su Égloga II. Por otra parte, el símbolo de la noche como tiempo de recogimiento también está presente en el Cantar de los cantares: «En mi lecho he buscado, por la noche, a aquel que mi alma ama...». En este poema, en ocho estrofas, San Juan pasa del renunciamiento de los sentidos y la purificación del espíritu a la unión con Dios. El alma, ardiendo de amor, desterrados los apetitos sensuales de la carne («estando ya mi casa sosegada», dice el poeta), avanza hasta lograr convertirse, transformarse en Él («amada en el Amado transformada»).

En ésta y otras composiciones se ve que Juan recibe casi todos los recursos de otros poetas, pero que él logra convertirlos en otra cosa; por eso el producto resulta tan original, exclusivamente sanjuaniano. Esta característica puede apreciarse también en el villancico cuyo primer verso dice: Que bien sé yo la fonte que mana y corre y en el breve poema «Un pastorcico solo está penado».

A su vez, «Llama de amor viva» parece extraer su primer verso de la refundición de Sebastián de Córdoba. En esta composición se recoge la cumbre de la vivencia mística, el amor como fuego que consume, que transforma al enamorado en Dios gracias a su unión. Dios se transmuta en el humano que lo ama y éste goza porque mientras arde experimenta, posee su divinidad, es decir, que «cada uno se deja y trueca por el otro, y así cada uno vive en el otro, y el uno es el otro y entrambos son uno por transformación de amor»; ésta es la manifestación del éxtasis, la transmutación que San Juan llama «matrimonio» de lo humano con lo divino.

Quedan sin mencionar tres villancicos en octosílabos y los romances. Tanto la imagen de «Vivo sin vivir en mí» y «que muero porque no muero» tienen su fuente en el cancionero popular que expresaba el amor profano y fue también aprovechada por Santa Teresa. Lo mismo sucede con la copla que dice «Tras de un amoroso lance» que relaciona al amante con un halcón que vuela «tan alto, tan alto» para alcanzar la presa armada. En la estructura de este poema aparece el villancico y luego cuatro estrofas de ocho versos, compuestas de una redondilla más dos versos, con la rima correspondiente a los dos primeros del villancico, y el de vuelta que permite ajustar el siguiente que reitera el estribillo. Sin embargo, no se conocen antecedentes del «Entréme donde no supe». De cualquier manera, todos estos textos manifiestan un especial gusto por la paradoja y la antítesis que después serían obligadas en el conceptismo barroco de fin de siglo.

Los romances son textos más doctrinales que de altas metas poéticas, si bien continúan el tema del amor y de cómo éste se manifiesta en la creación. El Padre ama de tal manera a su Hijo que le ofrece una esposa y ésta es la Creación. La Creación comprende desde los ángeles al ser humano y a todas las cosas creadas. Algunos autores ven en esta concepción una prueba de la vivencia panteísta de San Juan. Esta actitud ante la naturaleza y el simbolismo de la noche oscura son dos rasgos que destacan en la poesía sanjuaniana. La belleza de la naturaleza lo transporta y ese efecto lo describe tanto en el «Cántico» como en la «Noche oscura». A lo largo de los dos textos se gozan los valles, los prados, las ínsulas, las montañas, los ríos, los árboles, las flores, los pájaros, el zumbar de los insectos, el silencio sonoro de ciertos espacios... Esto correlaciona obra y biografía, pues en ésta también buscaba la paz y el encanto de paisajes al aire libre. Pero la naturaleza no es divina, sino la muestra de la divinidad de Dios; por eso disfrutarla, contemplarla, sirve para alabar a su Creador. Sin embargo, San Juan revela una actitud positiva, gozosa ante la naturaleza en sus poemas y negativa en sus comentarios; quizá ello se deba a que en la poesía se reflejan más sus sentimientos y ansias y en la prosa sus enseñanzas, su ortodoxia católica.

En relación con la imagen de la noche oscura aparecen otros conceptos que remiten a la privación o el vaciamiento que propugnaba San Juan: silencio, desnudez, soledad, pobreza, búsqueda, olvido, sufrimiento, desasimiento... Pero no es el renunciamiento ni la extrema mortificación lo que hace gemir de dolor al místico, sino el temor de que su amor no sea correspondido, el miedo al abandono; son la ansiedad, los celos y las dudas las que angustian al poeta; por eso la noche es oscura, le falta la luz (conocimiento, gracia divina) del Amado, pero cuando éste llega, la misma noche resulta dichosa y pacífica. Por otra parte, la noche oscura también describe el estado del entendimiento humano incapaz de comprender el misterio divino. La mente humana se deslumbra ante la visión de Dios y queda cegada; aunque se dé la unión mística, sólo en el más allá alcanzaremos a vislumbrar el día, la luz del encuentro definitivo: «Y así te veré yo a ti en tu hermosura, y tú a mí en tu hermosura, y yo me veré en ti en tu hermosura, y tú te verás en mí en tu hermosura...». Plenitud que se alcanza en «la noche sosegada» con «la música callada» y rodeado de «la soledad sonora». Todo lo conduce al *abismo, el vacío, la nada*:

Para venir a gustarlo todo,
no quieras tener gusto en nada.

Subida del monte

Éstas son imágenes del absoluto, ya que la ausencia, la falta de todo lo acercaba a Dios. La noche lo libera de las cosas, de los sentidos, lo lleva al Ser:

¡Oh noche, que guiaste,
oh noche amable más que la alborada:
oh noche, que juntaste
Amado con amada,
amada en el Amado transformada!

«Noche oscura»

La *noche* encierra en sí misma el fuego, la negación del mundo permite que crezca la llama del amor, pasión que se niega a todo salvo a lo amado:

En la noche dichosa,
en secreto, que nadie me veía
ni yo miraba cosa,
sin otra luz y guía
sino la que en el corazón ardía.

«Noche oscura»

La poesía de Juan de Yepes escapa, trasciende los límites de cualquier dogma religioso. Para nosotros, en el siglo xx, su obra tiene importancia universal y es leída por gentes de cualquier religión o que no profesan ninguna. Sus versos han influido en escritores nacionales y extranjeros, religiosos y ateos.

Si tenemos en cuenta que, probablemente, San Juan plasma su experiencia mística en textos poéticos por ineludible necesidad —porque tal magnitud emocional no puede encerrarse, pues ahogaría—, también debemos insistir en la preocupación didáctico-religiosa y moral que San Juan quiere satisfacer con los textos en prosa. En los poemas debe recurrir a figuras eróticas para manifestar sus sentimientos, pero en los comentarios aclara que su anhelo transcurre por encima de los sentidos y va más allá de lo que abarca la razón. Su lírica se mueve entre metáforas, símbolos y alegorías, mientras que los tratados asumen un fin pedagógico-doctrinal. Con la poesía canta el misterio de su experiencia amorosa, con la prosa pretende explicar ese «no sé qué» que ha experimentado. En este sentido, nadie puede negar la originalidad de glosar en prosa el significado de sus poemas, aunque ello ya lo habían hecho poetas sufíes o místicos del islam.

La *Subida del monte Carmelo* y la *Noche oscura del alma* forman un solo libro que parece que San Juan quería titular «Noche oscura de la subida del monte Carmelo»; la Subida se subdivide en tres partes y la Noche en dos; ambas obras constituyen comentarios en prosa al poema «En una noche oscura», pero las últimas estrofas que describen la unión del alma con Dios, como ya hemos indicado, no están comentadas. No sabemos si escribió esa parte y se ha perdido o si no llegó a escribirla.

San Juan comenzó la *Subida* en 1579, estando en El Calvario, en forma de pasajes breves que explicaban aspectos poco claros del poema y se lo envió a las monjas de Beas, junto con el dibujo del monte Carmelo que muestra un camino ascendente. Este texto parece tener una finalidad didáctica pues lo usaba para instruir a monjas y frailes. Ya en Granada terminó la Subida y la Noche oscura, hablando del camino místico, pero no de la ansiada unión.

El primer editor del «Cántico espiritual» y del comentario al mismo los reunió bajo el mismo título. Dicho comentario fue comenzado por San Juan en El Calvario, a petición de las monjas, y terminado en Granada en 1584. Eran explicaciones breves y no demasiado claras, por lo que posteriormente elaboraría otra versión. «Llama de amor viva» se compuso también en Granada, en 1585 o 1586, para comentar el poema de igual nombre. Nuevamente, años más tarde, realizaría otra versión. En cualquier caso, debía explicar cómo el mismo amor que hiere y mata resulta suave y dulce, hace cautivo y redime, es llaga regalada y muerte dichosa, se produce en una oscuridad que resplandece y alumbra la ceguera.

Además redactó en El Calvario, también en prosa, algunas máximas y aforismos bajo el título de *Cantatas* y *Dichos de luz y amor*, por lo común para la prédica de las monjas que estaban a su cargo. De *Dichos de luz y amor* se guarda el texto autógrafo en la iglesia parroquial de Andújar. Es el único original que ha llegado hasta nosotros. A estos escritos habría que agregar algunas cartas, aunque no están completas, pues fueron recortadas para hacer reliquias.

En general, la prosa de San Juan es sencilla, aunque de frases largas y con abundantes citas de la Biblia, sobre todo del Antiguo Testamento. Para los lectores de hoy resulta poco ágil, pero no siempre carece de belleza:

> Las montañas tienen alturas, son abundantes, anchas, hermosas, graciosas, floridas y olorosas. Estas montañas es mi Amado para mí.

> Comentario a la canción 14 del «Cántico espiritual»

Los tres comentarios (del «Cántico espiritual», de «En una noche oscura» y de «Llama de amor viva») ofrecen la explicación en prosa de cada verso, de lo que significa cada estrofa y la enseñanza que debe deducirse de ellas, intentan dar cuenta de su «poética del delirio». Para muchos estudiosos no agregan nada a su poesía e incluso la constriñen; para otros sólo implican un esfuerzo para ceñirse a la ortodoxia de la Iglesia Católica de la época, pero, por lo común, se acepta que sirven para clarificar el sentido general de sus versos. Únicamente desde el conjunto de la obra podemos valorar tanto al mejor cantor del amor, al poeta lírico, al magistral maestro del lenguaje, al gozador de la naturaleza, como al místico extático, al teólogo tradicional, al astronauta de los vacíos y las nadas.

CRONOLOGÍA

Año	Sucesos histórico-culturales	Hechos en la vida de San Juan
1542	Los jesuítas llegan a la India para evangelizarla. Fray Bartolomé de las casas, en su *Memorial al rey*, plantea la necesidad de nuevas leyes para los indígenas de América. El protestantismo se extiende por Alemania.	Nace en Fontiveros, pueblo de Ávila.
1543	Aparecen publicadas en Barcelona las poesías de Boscán y Garcilaso de la Vega. Blasco de Garay inventa la navegación a vapor.	Muere su padre.
1545	Nace Juan de Austria. Lutero publica su obra *Contra el papado*. Se descubren las minas de plata del Potosí. Se inicia el Concilio de Trento. En España se publica una primera relación de libros prohibidos, antecedente del *Index librorum prohibitorum*.	
1546	Muere Martín Lutero.	
1547	Muere Hernán Cortés en un pueblo de Sevilla. Nace, en Alcalá de Henares, Cervantes.	Traslado de la familia a Arévalo
1548	Carlos V autoriza el matrimonio de los sacerdotes protestantes.	
1549	Nace en Avila el músico Tomás Luis de Victoria. Los jesuítas desembarcan en Japón.	
1550	El asceta Melchor Cano publica *Tratado de la victoria sobre sí mismo*. España impone su modo de vestir en Europa: el corte geométrico, la capa, el jubón con faldones, el sombrero con plumas y las calzas de punto.	
1551	Se funda, en Roma, el colegio de la Compañía de Jesús. Se crea en la Universidad de Salamanca la cátedra de Anatomía. Se inicia el proceso inquisitorial en México contra el doctor Pedro de la Torre por decir que Dios y naturaleza son la misma cosa.	La familia se traslada a Medina del Campo. Comienza su enseñanza en el Colegio de la Doctrina.

Año	Sucesos histórico-culturales	Hechos en la vida de San Juan
1552	Se edita la *Brevísima historia de la destrucción de las Indias*, de Bartolomé de las Casas.	
1553	El médico español Miguel Servet es quemado al ser acusado de hereje por Calvino.	
1554	Se publica en Burgos, Alcalá y Amberes el *Lazarillo de Tormes*. Hernán Núñez escribe una compilación de *Refranes de la lengua castellana*.	
1555	Fallece Juana *la Loca*. Se prohíben las novelas de caballería.	
1556	Se publica la primera versión de *Guía de pecadores* de fray Luis de Granada. Abdica Carlos I y da comienzo el reinado de Felipe II. Muere Ignacio de Loyola.	
1557	Fracasa el último intento de reunificación religiosa promovido por Fernando I de Habsburgo. Comienza la construcción de El Escorial.	
1558	Muere en Yuste (Cáceres) Carlos I de España y V de Alemania.	
1559	Aparecen *Los siete libros de Diana*, novela pastoril de Jorge de Sotomayor. El inquisidor general Fernando de Valdés publica su *Índice de libros prohibidos*. Se celebran diversos autos de fe en Valladolid y Sevilla.	
1561	Felipe II elige la villa de Madrid como sede de la Corte. Se publica en Lisboa el *Memorial de la vida cristiana* del dominico fray Luis de Granada. Nace Luis de Góngora y Argote en Córdoba. Juan Aguilera enseña en la Universidad de Salamanca el sistema heliocéntrico de Copérnico. Fray Luis de León traduce el *Cantar de los cantares*.	
1562	Nace Lope de Vega. Teresa de Jesús funda el primer convento de descalzas y empieza a escribir el *Libro de su vida*.	
1563	Concluye el Concilio de Trento.	Estudia Humanidades en el Col. de Jesuitas de Medina. Entra en los carmelitas con el nombre de Juan de Santo Matía.

Año	Sucesos histórico-culturales	Hechos en la vida de San Juan
	Sucesos histórico-culturales	*Hechos en la vida de San Juan*
1564	Nacen Shakespeare y Galileo Galilei. Se publica en Valencia *Diana enamorada*, novela pastoril de Gaspar Gil Polo. Muere Miguel Ángel en Roma. Teresa de Jesús comienza a escribir *Camino de perfección*. Se extiende la gran peste por España.	Ingresa en la Universidad de Salamanca
1566	Muere el padre Bartolomé de las Casas, gran defensor de los indígenas del Nuevo Mundo.	Ya ordenado sacerdote, se une a Teresa de Jesús.
1567	Fray Luis de Granada publica el *Libro de la oración* y la *Guía de pecadores*.	Hace los votos de la Reforma descalza y toma el nombre de Juan de la Cruz. Inauguración del convento de Duruelo.
1568	Se sublevan los moriscos en las Alpujarras al prohibírseles el uso de su lengua y vestimenta.	Fundación del convento de Mancera.
1569	Se imprime la primera parte de *La Araucarilla*.	Es enviado a Pastrana.
1570	Se constituye la Liga Santa, formada por los Estados Pontificios, España y Venecia para luchar contra los turcos. Se introduce la patata en Europa. Teresa escribe *El castillo interior* o *Tratado de las moradas*. En la Universidad de Salamanca, después de muchas tensiones, se autoriza la reproducción al dictado de las clases	Lo nombran rector del nuevo Colegio descalzo de Alcalá de Henares.
1571	Juan de Austria derrota a la flota turca en Lepanto. Se sofoca la rebelión de las Alpujarras y se expulsa a los moriscos granadinos.	Es confesor de las monjas en el convento calzado de la Encarnación en Ávila, en el que está de priora Teresa de Jesús. Reside Ávila varios años
1572	Comienza el proceso inquisitorial contra fray Luis de León. Muere San Francisco de Borja. Entra en los descalzos Jerónimo Gracián. Felipe II firma una ordenanza que obliga a las prostitutas al reconocimiento médico.	

Año	Sucesos histórico-culturales	Hechos en la vida de San Juan
1573	Teresa de Jesús escribe el *Libro de las fundaciones*.	
1575	Se imprimen las obras de Boscán y Garcilaso, trasladadas a materias cristianas y religiosas por Sebastián de Córdoba. Se obliga a las prostitutas a llevar un manto corto de color rojo. Comienza el cautiverio de Cervantes en Argel.	Es secuestrado por breve tiempo y encerrado en Medina, por el prior de los calzados de Avila.
1576	Se suprime la enseñanza de Anatomía humana en la Universidad de Salamanca. Queda en libertad fray Luis de León y retorna a su labor docente.	Nuevo secuestro y encarcelamiento, por nueve meses, en Toledo, Aquí se inicia su madurez poética.
1577	El médico palentino Francisco Martínez de Castrillo publica *Sobre la materia de la dentadura y maravillosa obra de la boca*, primera obra de odontología.	Escapa de la prisión y es protegido por Pedro González de Mendoza. Es nombrado prior de El Calvario.Comienza a aconsejar espiritual mente a las monjas del convento de Beas.
1578	Mueren don Juan de Austria y don Sebastián de Portugal. Viste el hábito de carmelita descalzo Nicolás Doria. El místico franciscano Diego de Estella escribe *Meditaciones devotísimas del amor de Dios*. Se publica la segunda parte de *La Araucana*.	Marcha a Baeza. Es nombrado rector del colegio de San Basilio de Baeza. Prosigue la redacción de la Subida del monte Carmelo.
1579	Juan de la Cueva publica el drama *Los siete infantes de Lara*. Se edita el *Cancionero general de la doctrina cristiana*, compilación de Juan López de Ubeda.	Su madre muere como consecuencia de la epidemia de peste
1580	Nacen Francisco de Quevedo y Tirso de Molina. España se anexiona Portugal. Regresa a España, libre de su cautiverio, Cervantes.	Con motivo de la separación de la orden, participa en el capítulo de Alcalá. Es nombrado definidor general de la orden.
1581	Nace Ruiz de Alarcón. Los jesuítas inician su primera misión en la China. El papa Gregorio XIII autoriza la separación de los carmelitas calzas dos y descalzos.	Vuelve a Baeza

Año	Sucesos histórico-culturales	Hechos en la vida de San Juan
		En noviembre viaja a Avila y allí ve por última vez a Teresa de Jesús. Ambos deciden la fundación de un nuevo convento en Granada.
1582	Se convoca el vigésimo Concilio de Toledo para iniciar la reforma del clero. Muere, en Alba de Tormes, Santa Teresa	Funda un convento en Granada; es prior de Los Mártires. Reside en Andalucía varios años.
1583	Fray Luis de Granada redacta *Introducción al símbolo de la fe*. Se publican en Salamanca *La perfecta casada* y *De los nombres de Cristo* de fray Luis de León.	Participa en el capítulo general de los descalzos en Almodóvar.
1584	Se produce el segundo proceso inquisitorial contra fray Luis de León. Se concluye El Escorial.	Concluye en Granada la primera versión del «Cántico espiritual» y redacta la mayor parte de sus otras obras. En el capítulo de Lisboa es nombrado vicario provincial de Andalucía, lo que le exige viajar continuamente durante dos años.
1585	Cervantes publica *La Galatea*. Guerra contra Francia. Se publica póstumamente la obra de Santa Teresa *Camino de perfección*.	Enferma de pleuresía, a pesar de lo cual viaja a Madrid para encontrarse con Doria. Funda el convento de Caravaca. Posiblemente compone «Llama de amor viva».
1586	Miguel Giginta publica en Zaragoza *Atalaya de la caridad*, sugiriendo cómo erradicar la pobreza.	Viaja de forma continua. Funda un convento en Bujalance. Es convocado nuevamente por Doria a Madrid. En el capítulo de Valladolid es despojado de todos sus títulos, pero nombrado nuevamente prior de Granada.
1587	Se crea en Madrid el primer establecimiento para prostitutas arrepentidas.	

Año	Sucesos histórico-culturales	Hechos en la vida de San Juan
1588	La Armada Invencible resulta derrotada. Fray Luis de León publica las obras de Santa Teresa. Muere fray Luis de Granada. Doria es nombrado vicario general. El Brócense publica *De los errores de Porfirio*, por el que será sometido a proceso inquisitorial.	En el capítulo de Madrid es retirado de todos los cargos. Se pretende enviar lo a México. Mientras tanto se lo manda a Andalucía, a La Peñuela, cerca de Baeza. Allí finaliza la segunda redacción de algunas de sus obras. El 28 de septiembre cae enfermo y es trasladado a Úbeda, donde muere el 14 de diciembre.
1589	Se produce otra epidemia de peste en España.	
1591	Muere fray Luis de León. España cuenta con 8,5 millones de habi tantes.	
1592		
1618	Doria logra expulsar de la orden a Gracián.	Se edita por primera vez, en Alcalá, parte de su obra, bajo el nombre de Obras espirituales, que incluía la Subida del monte Carmelo, la «Noche oscura del alma» y «Llama de amor viva».
1630		Aparece por primera vez impreso conese nombre el «Cántico espiritual».
1675		Juan de la Cruz es beatificado por Clemente X.
1726		Es canonizado por Benedicto XIII.
1926		Pío XI lo declara doctor de la Iglesia Universal.
1993		Juan Pablo II lo nombra patrón de los poetas.

BIBLIOGRAFÍA

ALONSO, Dámaso: *La poesía de San Juan de la Cruz (desde esta ladera)*. Madrid, Aguilar, 1966.

BARUZI, Jean: *San Juan de la Cruz y el problema de la experiencia mística*. Valladolid, Junta de Castilla y León, 1991.

BRENAN, Gerald: *San Juan de la Cruz: Biografía*. Barcelona, Laia, 1980.

CONSEJERÍA DE CULTURA Y MEDIO AMBIENTE DE LA JUNTA DE ANDALUCÍA: *San Juan de la Cruz y la literatura de su tiempo*. Madrid, Turner, 1991.

CRISÓGONO DE JESÚS, O.C.D.: *Vida y obras de San Juan de la Cruz*. Madrid, BAC, 1974.

GARRIDO, Pablo (O.C.): *Santa Teresa, San Juan de la Cruz y los Carmelitas españoles*. Salamanca, Universidad Pontificia, 1982.

MUÑOZ HIDALGO, Manuel: *Juan de la Cruz: memoria de vuelo alto (1591-1991)*. Madrid, Espasa-Calpe, 1991.

OROZCO DÍAZ, Emilio: *Estudios sobre San Juan de la Cruz y la mística del barroco*. Granada, Universidad de Granada, 1994.

PACHO, Eulogio: *Vértice de la poesía y de la mística. El «Cántico Espiritual» de San Juan de la Cruz*. Burgos, Monte Carmelo, 1983.

PÉREZ-LUCAS, M.ª Dolores: *San Juan de la Cruz cuenta su vida a los chicos de hoy*. Salamanca, Sígueme, 1990.

ROLLÁN, M.ª del Sagrario: *Vámonos a ver en tu hermosura*. Madrid, Espiritualidad, 1989.

Ruiz SALVADOR, Federico: *Místico y maestro, San Juan de la Cruz*. Madrid, Espiritualidad, 1986.

SAN JUAN DE LA CRUZ: Poesía, ed. de Gerald Brenan. Barcelona, Orbis, 1993. ———: *Obras completas*. Edición de José Vicente Rodríguez y Federico Ruiz Salvador. Madrid, Espiritualidad, 1988.

———: *Poesía completa*. Edición de José Jiménez Lozano. Valladolid, Ámbito, 1994.

SAN JUAN DE LA CRUZ: *Poesía completa*. Edición de José Garza Castillo. Barcelona, Edicomunicación, 1994.

——: *Vida y poesías de San Juan de la Cruz*. Edición de los carmelitas de las Batuecas. Sevilla, Apostolado Mariano, 1993.

SERVERA BAÑO, José: *En torno a San Juan de la Cruz*. Madrid, Júcar, 1987.

VV. AA.: *Aspectos históricos de San Juan de la Cruz*. Ávila, Comisión Provincial del IV Centenario de la muerte de San Juan de la Cruz, 1990.

——: *Introducción a la lectura de San Juan de la Cruz*. Valladolid, Junta de Castilla y León, 1991.

——: «Monográfico sobre fray Juan de la Cruz», *ABC literario*. Madrid, 13 de diciembre de 1991.

ANTOLOGÍA DE TEXTOS

POESÍAS

Para venir a gustarlo todo,
no quieras tener gusto en nada:
para venir a poseerlo todo,
no quieras poseer algo en nada:
para venir a serlo todo,
no quieras ser algo en nada:
para venir a saberlo todo,
no quieras saber algo en nada.

—Tras de un amoroso lance,
y no de esperanza falto
volé tan alto, tan alto,
que le di a la caza alcance.

Para que yo alcance diese
a aqueste lance divino
tanto volar me convino
que de vista me perdiese;
y, con todo, en este trance
en el vuelo quedé falto;
mas el amor fue tan alto,
que le di a la caza alcance.

Cuanto más alto subía
deslumbróseme la vista
y la más fuerte conquista
en escuro se me hacía;
mas por ser de amor el lance
di un ciego y oscuro salto
y fui tan alto, tan alto,
que le di a la caza alcance.

Cuanto más alto llegaba
de este lance tan subido,
tanto más bajo y rendido
y abatido me hallaba;

dije: «¡no habrá quien alcance!»;
y abatíme tanto,
tanto que fui tan alto, tan alto,
que le di a la caza, alcance.

Por una extraña manera
mil vuelos pasé de un vuelo,
porque esperanza de cielo
tanto alcanza cuanto espera;
esperé solo este lance
y en esperar no fui falto,
pues fui tan alto, tan alto,
que le di a la caza alcance.

UN PASTORCICO
CANCIONES «A LO DIVINO» DE CRISTO Y EL ALMA

Un pastorcico solo está penado,
ajeno de placer y de contento
y en su pastora puesto el pensamiento
y el pecho del amor muy lastimado.

No llora por haberle amor llagado,
que no le pena verse así afligido,
aunque en el corazón está herido,
mas llora por pensar que está olvidado;

que sólo de pensar que está olvidado
de su bella pastora, con gran pena
se deja maltratar en tierra ajena,
el pecho del amor muy lastimado.

Y dice el pastorcico: «¡Ay, desdichado
de aquel que de mi amor ha hecho ausencia
y no quiere gozar la mi presencia
y el pecho por su amor muy lastimado!».

Y a cabo de un gran rato se ha encumbrado
sobre un árbol, do abrió sus brazos bellos
y muerto se ha quedado asido dellos,
el pecho de el[1] amor muy lastimado.

[1] *N. del E.:* Se ha respetado la grafía del autor en «de el» y «a el».

CANTAR DEL ALMA QUE SE HUELGA DE CONOCER A DIOS POR LA FE

¡Qué bien sé yo la fonte
que mana y corre,
aunque es de noche!

Aquella eterna fonte está escondida,
que bien sé yo do tiene su manida,
   aunque es de noche.

Su origen no lo sé, pues no le tiene,
mas sé que todo origen della viene,
   aunque es de noche.

Sé que no puede ser cosa tan bella
y que cielos y tierra beben della,
   aunque es de noche.

Bien sé que suelo en ella no se halla
y que ninguno puede vadealla,
   aunque es de noche.

Su claridad nunca es escurecida
y sé que toda luz de ella es venida,
   aunque es de noche.

Sé ser tan caudalosos sus corrientes,
que infiernos, cielos riegan y las gentes,
    aunque es de noche.

El corriente que nace de esta fuente
bien sé que es tan capaz y omnipotente,
    aunque es de noche.

El corriente que de estas dos procede
sé que ninguna de ellas le precede,
    aunque es de noche.

Aquesta eterna fonte está escondida
en este vivo pan por darnos vida,
    aunque es de noche.

Aquí se está llamando a las criaturas
y de esta agua se hartan, aunque a escuras,
    porque es de noche.

Aquesta viva fuente que deseo
en este pan de vida yo la veo,
    aunque es de noche.

COPLAS DEL ALMA QUE PENA POR VER A DIOS

Vivo sin vivir en mí
y de tal manera espero
que muero porque no muero.

En mí yo no vivo ya
y sin Dios vivir no puedo:
pues sin él y sin mí quedo,
este vivir ¿qué será?
Mil muertes se me hará,
pues mi misma vida espero,
muriendo porque no muero.

Esta vida que yo vivo
es privación de vivir
y así es contino morir
hasta que viva contigo.
¡Oye, mi Dios, lo que digo:
que esta vida no la quiero,
que muero porque no muero!

Estando ausente de ti
¿qué vida puedo tener
sino muerte padecer
la mayor que nunca vi?
Lástima tengo de mí,

pues de suerte persevero
que muero porque no muero.

El pez que del agua sale
aun de alivio no carece
que en la muerte que padece
al fin la muerte le vale.
¿Qué muerte habrá que se iguale
a mi vivir lastimero,
pues si más vivo más muero?

Cuando me pienso a aliviar
de verte en el Sacramento,
háceme más sentimiento
el no te poder gozar;
todo es para más penar
por no verte como quiero
y muero porque no muero.

Y si me gozo, Señor,
con esperanza de verte,
en ver que puedo perderte
se me dobla mi dolor;
viviendo en tanto pavor
y esperando como espero,
muérome porque no muero.

¡Sácame de aquesta muerte,
mi Dios, y dame la vida;
no me tengas impedida
en este lazo tan fuerte;
mira que peno por verte
y mi mal es tan entero,
que muero porque no muero!

Lloraré mi muerte ya
y lamentaré mi vida
en tanto que detenida
por mis pecados está.
¡Oh mi Dios, cuándo será
cuando yo diga de vero:
vivo ya porque no muero?

COPLAS HECHAS SOBRE UN ÉXTASIS DE HARTA CONTEMPLACIÓN

Entréme donde no supe
y quedéme no sabiendo
toda ciencia trascendiendo.

Yo no supe dónde entraba,
pero, cuando allí me vi,
sin saber dónde me estaba,
grandes cosas entendí;
no diré lo que sentí,
que me quedé no sabiendo,
toda ciencia trascendiendo.

De paz y de piedad
era la ciencia perfecta
en profunda soledad
entendida (vía recta);
era cosa tan secreta
que me quedé balbuciendo,
toda ciencia trascendiendo.

Estaba tan embebido,
tan absorto y ajenado
que se quedó mi sentido
de todo sentir privado

y el espíritu dotado
de un entender no entendido,
toda ciencia trascendiendo.

El que allí llega de vero
de sí mismo desfallece;
cuanto sabía primero
mucho bajo le parece
y su ciencia tanto crece
que se queda no sabiendo,
toda ciencia trascendiendo.

Cuanto más alto se sube
tanto menos se entendía,
que es la tenebrosa nube
que a la noche esclarecía;
por eso quien la sabía
queda siempre no sabiendo,
toda ciencia trascendiendo.

Este saber no sabiendo
es de tan alto poder
que los sabios arguyendo
jamás le pueden vencer;
que no llega su saber
a no entender entendiendo,
toda ciencia trascendiendo.

Y es de tan alta excelencia
aqueste sumo saber
que no hay facultad ni ciencia
que le puedan emprender;
quien se supiere vencer
con un no saber sabiendo,
irá siempre trascendiendo.

Y, si lo queréis oír,
consiste esta suma ciencia
en un subido sentir
de la divinal esencia;
es obra de su clemencia
hacer quedar no entendiendo,
toda ciencia trascendiendo.

LLAMA DE AMOR VIVA

¡Oh llama de amor viva,
que tiernamente hieres
de mi alma en el más profundo centro,
pues ya no eres esquiva,
acaba ya, si quieres;
rompe la tela deste dulce encuentro!

¡Oh cauterio suave!
¡Oh regalada llaga!
¡Oh mano blanda! ¡Oh toque delicado
que a vida eterna sabe
y toda deuda paga;
matando, muerte en vida la has trocado!

¡Oh lámparas de fuego,
en cuyos resplandores
las profundas cavernas del sentido,
que estaba oscuro y ciego,
con extraños primores
calor y luz dan junto a su querido!

¡Cuán manso y amoroso
recuerdas en mi seno,
donde secretamente solo moras,
y en tu aspirar sabroso
de bien y gloria lleno
cuán delicadamente me enamoras!

NOCHE OSCURA

En una noche oscura
con ansias en amores inflamada
¡oh dichosa ventura!
salí sin ser notada
estando ya mi casa sosegada;

a escuras, y segura
por la secreta escala disfrazada
¡oh dichosa ventura!
a escuras y en celada
estando ya mi casa sosegada.

En la noche dichosa
en secreto que nadie me veía
ni yo miraba cosa,
sin otra luz y guía
sino la que en el corazón ardía.

Aquésta me guiaba
más cierto que la luz del mediodía
adonde me esperaba
quien yo bien me sabía
en parte donde nadie parecía.

¡Oh noche que guiaste!
¡Oh noche amable más que la alborada!
¡Oh noche que juntaste
Amado con amada,
amada con el Amado transformada!

En mi pecho florido,
que entero para él solo se guardaba,
allí quedó dormido
y yo le regalaba
y el ventalle de cedros aire daba.

El aire de la almena
cuando yo sus cabellos esparcía
con su mano serena
en mi cuello hería
y todos mis sentidos suspendía.

Quedéme y olvidéme,
el rostro recliné sobre el Amado,
cesó todo y dejéme,
dejando mi cuidado
entre las azucenas olvidado.

CÁNTICO ESPIRITUAL

ESPOSA

¿**A**dónde te escondiste,
Amado, y me dejaste con gemido?
Como el ciervo huiste,
habiéndome herido;
salí tras ti clamando, y eras ido.

Pastores, los que fuerdes
allá por las majadas al otero,
si por ventura vierdes
aquel que yo más quiero,
decilde que adolezco, peno y muero.

Buscando mis amores
iré por esos montes y riberas,
ni cogeré las flores
ni temeré las fieras
y pasaré los fuertes y fronteras.

¡Oh bosques y espesuras
plantadas por la mano del Amado!
¡Oh prado de verduras
de flores esmaltado,
decid si por vosotros ha pasado!

Mil gracias derramando
pasó por estos sotos con presura
y yéndolos mirando,
con sola su figura
vestidos los dejó de hermosura.

¡Ay!, ¿quién podrá sanarme?
¡Acaba de entregarte ya de vero;
no quieras enviarme
de hoy más ya mensajero,
que no saben decirme lo que quiero!

Y todos cuantos vagan
de ti me van mil gracias refiriendo
y todos más me llagan
y déjame muriendo
un no sé qué que quedan balbuciendo.

Mas, ¿cómo perseveras,
¡oh vida!, no viviendo donde vives
y haciendo porque mueras
las flechas que recibes
de lo que del Amado en ti concibes?

¿Por qué, pues has llagado
aqueste corazón, no le sanaste?
Y, pues me le has robado,
¿por qué así le dejaste
y no tomas el robo que robaste?

¡Apaga mis enojos,
pues que ninguno basta a deshacellos,
y véante mis ojos,
pues eres lumbre dellos
y sólo para ti quiero tenellos!

Descubre tu presencia,
y máteme tu vista y hermosura;
mira que la dolencia
de amor, que no se cura
sino con la presencia y la figura.

¡Oh cristalina fuente,
si en estos tus semblantes plateados
formases de repente
los ojos deseados
que tengo en mis entrañas dibujados!

¡Apártalos, Amado,
que voy de vuelo!

ESPOSO

¡Vuélvete, paloma!
que el ciervo vulnerado
por el otero asoma
al aire de tu vuelo, y fresco toma.

ESPOSA

Mi Amado, las montañas,
los valles solitarios nemorosos,
las ínsulas extrañas,
los ríos sonorosos,
el silbo de los aires amorosos,

la noche sosegada
en par de los levantes del aurora,
la música callada,
la soledad sonora,
la cena que recrea y enamora.

Cazadnos las raposas,
que está ya florecida nuestra viña,
en tanto que de rosas
hacemos una piña,
y no parezca nadie en la montiña.

Detente, ciervo muerto;
ven, austro, que recuerdas los amores,
aspira por mi huerto
y corran sus olores
y pacerá el Amado entre las flores.

¡Oh ninfas de Judea!,
en tanto que en las flores y rosales
el ámbar perfumea,
morá en los arrabales,
y no queráis tocar nuestros umbrales.

Escóndete, Carillo,
y mira con tu haz a las montañas
y no quieras decillo,
mas mira las compañas
de la que va por ínsulas extrañas.

ESPOSO

A las aves ligeras,
leones, ciervos, gamos saltadores,
montes, valles, riberas,
aguas, aires, ardores
y miedos de las noches veladores:

por las amenas liras
y canto de serenas os conjuro
que cesen vuestras iras

Allí me dio su pecho,
allí me enseñó ciencia muy sabrosa
y yo le di de hecho
a mí, sin dejar cosa;
allí le prometí de ser su esposa.

Mi alma se ha empleado
y todo mi caudal, en su servicio;
ya no guardo ganado
ni ya tengo otro oficio,
que ya sólo en amar es mi ejercicio.

Pues ya si en el ejido
de hoy más no fuere vista ni hallada,
diréis que me he perdido;
que, andando enamorada,
me hice perdidiza y fui ganada.

De flores y esmeraldas,
en las frescas mañanas escogidas,
haremos las guirnaldas,
en tu amor floridas
y en un cabello mío entretejidas.

En solo aquel cabello,
que en mi cuello volar consideraste,
mirástele en mi cuello
y en él preso quedaste
y en uno de mis ojos te llagaste.

Cuanto tú me mirabas,
su gracia en mí tus ojos imprimían;
por eso me adamabas
y en eso merecían
los míos adorar lo que en ti vían.

No quieras despreciarme,
que, si color moreno en mí hallaste,
ya bien puedes mirarme
después que me miraste,
que gracia y hermosura en mí dejaste.

ESPOSO

La blanca palomica
al arca con el ramo se ha tornado
y ya la tortolica
al socio deseado
en las riberas verdes ha hallado.

En soledad vivía
y en soledad ha puesto ya su nido
y en soledad la guía
a solas su querido,
también en soledad de amor herido.

ESPOSA

Gocémonos, Amado,
y vámonos a ver en tu hermosura
al monte y al collado,
do mana el agua pura;
entremos más adentro en la espesura,

y luego a las subidas
cavernas de la piedra nos iremos,
que están bien escondidas,
y allí nos entraremos
y el mosto de granadas gustaremos.

Allí me mostrarías
aquello que mi alma pretendía
y luego me darías
allí tú, ¡vida mía!
aquello que me diste el otro día:

el aspirar del aire,
el canto de la dulce filomena,
el soto y su donaire
en la noche serena,
con llama que consume y no da pena.

Que nadie lo miraba;
Aminadab tampoco parecía
y el cerco sosegaba
y la caballería
a vista de las aguas descendía.

ROMANCE SOBRE EL EVANGELIO

1
«IN PRINCIPIO ERAT VERBUM»,
ACERCA DE LA SANTÍSIMA TRINIDAD

En el principio moraba
el Verbo, y en Dios vivía,
en quien su felicidad
infinita poseía.
El mismo Verbo Dios era,
que el principio se decía.
El moraba en el principio,
y principio no tenía.
El era el mesmo principio;
por eso de él carecía.
El Verbo se llama Hijo,
que de el principio nacía.
Hale siempre concebido
y siempre le concebía.
Dale siempre su substancia
y siempre se la tenía.
Y así, la gloria del Hijo
es la que en el Padre había,
y toda su gloria el Padre
en el Hijo poseía.
Como amado en el amante
uno en otro residía,

y aquese amor que los une
en lo mismo convenía
con el uno y con el otro
en igualdad y valía.
Tres Personas y un amado
entre todos tres había;
y un amor en todas ellas
y un amante las hacía,
y el amante es el amado
en que cada cual vivía;
que el ser que los tres poseen
cada cual le poseía,
y cada cual de ellos ama
a la que este ser tenía.
Este ser es cada una,
y éste solo las unía
en un inefable nudo
que decir no se sabía.
Por lo cual era infinito
el amor que las unía,
porque un solo amor tres tienen,
que su esencia se decía;
que el amor, cuanto más uno,
tanto más amor hacía.

En aquel amor inmenso
que de los dos procedía,
palabras de gran regalo
el Padre al Hijo decía,
de tan profundo deleite,
que nadie las entendía;
sólo el Hijo lo gozaba,
que es a quien pertenecía.
Pero aquello que se entiende
desta manera decía:
«Nada me contenta, Hijo,
fuera de tu compañía.
Y si algo me contenta,
en ti mismo lo quería.
El que a ti más se paresce
a mí más satisfacía;
y el que en nada te semeja
en mí nada hallaría.
En ti solo me he agradado,
¡oh vida de vida mía!
Eres lumbre de mi lumbre,
eres mi sabiduría;
figura de mi substancia
en quien bien me complacía.
Al que a ti te amare, Hijo,
a mí mismo le daría,
y el amor que yo en ti tengo
ese mismo en él pondría,
en razón de haber amado
a quien yo tanto quería».

3
De la Creación

«Una esposa que te ame,
mi Hijo, darte quería,
que por tu valor merezca
tener nuestra compañía,
y comer pan a una mesa
del mismo que yo comía,
porque conozca los bienes
que en tal Hijo yo tenía,
y se congracie conmigo
de tu gracia y lozanía.»
«Mucho lo agradezco, Padre»,
el Hijo le respondía.
«A la esposa que me dieres
yo mi claridad daría,
para que por ella vea
cuánto mi Padre valía,
y cómo el ser que poseo
de su ser le recibía.
Reclinarla he yo en mi brazo,
y en tu amor se abrasaría,
y con eterno deleite
tu bondad sublimaría.»

«Hágase, pues», dijo el Padre,
«que tu amor lo merecía.»
Y en este dicho que dijo,
el mundo criado había,
palacio para la esposa,
hecho en gran sabiduría;
el cual en dos aposentos,
alto y bajo, dividía.
El bajo de diferencias
infinitas componía;
mas el alto hermoseaba
de admirable pedrería,
porque conozca la esposa
el esposo que tenía.

En el alto colocaba
la angélica jerarquía;
pero la natura humana
en el bajo la ponía,
por ser en su compostura
algo de menor valía.
Y aunque el ser y los lugares
de esta suerte los partía,
pero todos son un cuerpo
de la esposa que decía;
que el amor de un mismo esposo
una esposa los hacía.
Los de arriba poseían
el esposo en alegría,
los de abajo en esperanza
de fe que les infundía,
diciéndoles que algún tiempo
él los engrandecería,
y que aquella su bajeza
él se la levantaría,
de manera que ninguno
ya la vituperaría;
porque en todo semejante
él a ellos se haría,
y se vendría con ellos,
y con ellos moraría;
y que Dios sería hombre,
y que el hombre Dios sería,
y trataría con ellos
comería y bebería;
y que con ellos contino
él mismo se quedaría
hasta que se consuma
se este siglo que corría,
cuando se gozaran juntos

en eterna melodía;
porque él era la cabeza
de la esposa que tenía,
a la cual todos los miembros
de los justos juntaría,
que son cuerpo de la esposa,
a la cual él tomaría
en sus brazos tiernamente,
y allí su amor le daría;
y que así juntos en uno
al Padre la llevaría,
donde del mismo deleite
que Dios goza, gozaría;
que, como el Padre y el Hijo
y el que de ellos procedía
el uno vive en el otro,
así la esposa sería,
que, dentro de Dios absorta,
vida de Dios viviría.

5

PROSIGUE

Con esta buena esperanza
que de arriba les venía,
el tedio de sus trabajos
más leve se les hacía;
pero la esperanza larga
y el deseo que crecía
de gozarse con su esposo
contino les afligía;
por lo cual con oraciones,
con suspiros y agonía,
con lágrimas y gemidos,

le rogaban noche y día
que ya se determinase
a les dar su compañía.
Unos decían: «¡Oh si fuese
en mi tiempo el alegría!»;
otros: «Acaba, Señor,
al que has de enviar, envía»
otros: «¡Oh si ya rompieses
esos cielos, y vería
con mis ojos que bajases,
y mi llanto cesaría!
¡Regad, nubes de lo alto,
que la tierra lo pedía,
y ábrase ya la tierra
que espinas nos producía
y produzca aquella flor
con que ella florecería!».
Otros decían: «¡Oh dichoso
el que en tal tiempo sería,
que merezca ver a Dios
con los ojos que tenía,
y tratarle con sus manos,
y andar en su compañía,
y gozar de los misterios
que entonces ordenaría!».

6
PROSIGUE

En aquestos y otros ruegos
gran tiempo pasado había;
pero en los postreros años
el fervor mucho crecía,
cuando el viejo Simeón

en deseo se encendía,
rogando a Dios que quisiese
dejalle ver este día.
Y así el Espíritu Santo
al buen viejo respondía
que le daba su palabra
que la muerte no vería
hasta que la vida viese
que de arriba descendía,
y que él en sus mismas manos
al mismo Dios tomaría,
y le tendría en sus brazos
y consigo abrazaría.

7

PROSIGUE LA ENCARNACIÓN

Ya que el tiempo era llegado
en que hacerse convenía
el rescate de la esposa
que en duro yugo servía,
debajo de aquella ley
que Moisés dado le había,
el Padre con amor tierno
desta manera decía:
«Ya ves, Hijo, que a tu esposa
a tu imagen hecho había,
y en lo que a ti se paresce
contigo bien convenía;
pero difiere en la carne,
que en tu simple ser no había.
En los amores perfectos
esta ley se requería:
que se haga semejante

el amante a quien quería;
que la mayor semejanza
más deleite contenía;
el cual, sin duda, en tu esposa
grandemente crecería
si te viere semejante
en la carne que tenía».
«Mi voluntad es la tuya»,
el Hijo le respondía,
«y la gloria que yo tengo
es tu voluntad ser mía;
y a mí me conviene, Padre,
lo que tu alteza decía,
porque por esta manera
tu bondad más se vería;
veráse tu gran potencia,
justicia y sabiduría;
irélo a decir al mundo
y noticia le daría
de tu belleza y dulzura
y de tu soberanía.
Iré a buscar a mi esposa,
y sobre mí tomaría
sus fatigas y trabajos,
en que tanto padescía;
y porque ella vida tenga
yo por ella moriría,
y sacándola del lago,
a ti te la volvería.»

8
PROSIGUE

Entonces llamó a un arcángel
que San Gabriel se decía,
y enviólo a una doncella
que se llamaba María,
de cuyo consentimiento
el misterio se hacía;
en la cual la Trinidad
de carne al Verbo vestía;
y aunque tres hacen la obra,
en el uno se hacía;
y quedó el Verbo encarnado
en el vientre de María.
Y el que tenía sólo Padre,
ya también Madre tenía,
aunque no como cualquiera
que de varón concebía,
que de las entrañas de ella
él su carne recibía;
por lo cual Hijo de Dios
y del hombre se decía.

9
DEL NACIMIENTO

Ya que era llegado el tiempo
en que de nacer había,
así como desposado
de su tálamo salía
abrazado con su esposa,
que en sus brazos la traía;
al cual la graciosa Madre

en un pesebre ponía
entre unos animales
que a la sazón allí había.
Los hombres decían cantares,
los ángeles melodía,
festejando el desposorio
que entre tales dos había.
Pero Dios en el pesebre
allí lloraba y gemía;
que eran joyas que la esposa
al desposorio traía.
Y la Madre estaba en pasmo
de que tal trueque veía:
el llanto de el hombre en Dios,
y en el hombre la alegría,
lo cual del uno y del otro
tan ajeno ser solía.

DICHOS DE LUZ Y AMOR

El árbol cultivado y guardado, con el beneficio de su dueño da la fruta en el tiempo que de él se espera.

Pues no temes al caer a solas, ¿cómo presumes de levantarte a solas? Mira que más pueden dos juntos que uno solo.

Dos veces trabaja el pájaro que se asentó en la liga, es a saber: en desasirse y limpiarse de ella; y de dos maneras pena el que cumple su apetito: el desasirse y, después de desasido, en purgarse de lo que de él se le pegó.

La mosca que a la miel se arrima impide su vuelo; y el alma que se quiere estar asida al sabor del espíritu impide su libertad y contemplación.

El alma enamorada es alma blanda, mansa, humilde y paciente.

El que la ocasión pierde es como el que soltó el ave de la mano, que no la volverá a cobrar.

Un solo pensamiento del hombre vale más que todo el mundo; por tanto, solo Dios es digno de él.

Mira que la flor más delicada más presto se marchita y pierde su olor; por tanto, guárdate de querer caminar por espíritu de sabor, porque no serás constante; mas escoge para ti un espíritu robusto, no asido a nada, y hallarás dulzura y paz en abundancia; porque la sabrosa y durable fruta en tierra fría y seca se coge.

A la tarde te examinarán en el amor; aprende a amar como Dios quiere ser amado y deja tu condición.

El alma que anda en amor, ni cansa ni se cansa.

Los trabajos los hemos de medir a nosotros, y no nosotros a los trabajos.

Todo para mí y nada para ti. Todo para ti y nada para mí.

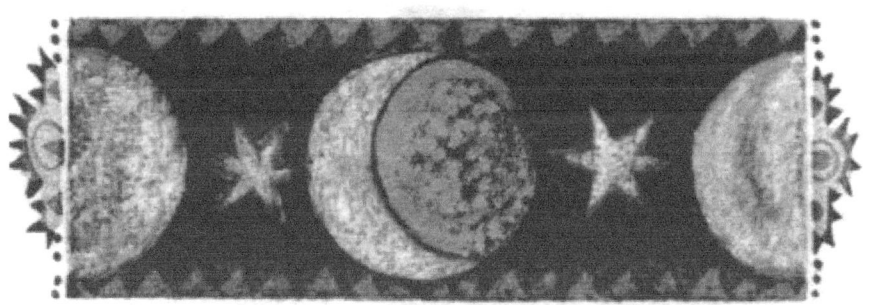

Las condiciones del pájaro solitario son cinco. La *primera*, que se va a lo más alto; la *segunda*, que no sufre compañía, aunque sea de su naturaleza; la *tercera*, que pone el pico al aire; la *cuarta*, que no tiene determinado color; la *quinta*, que canta suavemente. Las cuales ha de tener el alma contemplativa que se ha de subir sobre las cosas transitorias, no haciendo más caso de ellas que si no fuesen, y ha de ser tan amiga de la soledad y silencio, que no sufra compañía de otra criatura; ha de poner el pico al aire del Espíritu Santo, correspondiendo a sus inspiraciones, para que haciéndolo así, se haga más digna de su compañía; no ha de tener determinado color, no teniendo determinación en ninguna cosa, sino en lo que es voluntad de Dios; ha de cantar suavemente en la contemplación y amor de su esposo.

Andar a perder y que todos nos ganen es de ánimos valerosos, de pechos generosos; de corazones dadivosos es condición dar antes que recibir, hasta que vienen a darse a sí mismos, porque tienen por gran carga poseerse, que más gustan de ser poseídos y ajenos de sí, pues somos más propios de aquel infinito Bien que nuestros.

Hable poco, y en cosas que no es preguntado no se meta.

No se queje de nadie, no pregunte cosa alguna, y si le fuere necesario preguntar, sea con pocas palabras.

No contradiga; en ninguna manera hable palabras que no vayan limpias.

Lo que hablare sea de manera que no sea nadie ofendido, y que sea en cosas que no le pueda pesar que lo sepan todos.

Procure conservar el corazón en paz; no le desasosiegue ningún suceso de este mundo; mire que todo se ha de acabar.

SENTENCIAS ESPIRITUALES

Aunque las cosas de su obligación y oficio se le hagan dificultosas y acedas, no desmaye por entonces en ellas, porque no ha de ser siempre así, y Dios, que prueba el alma fingiendo trabajo en el precepto, de allí a poco le hará el bien y ganancia.

Siempre se acuerde que todo lo que por él pasare, próspero o adverso, viene de Dios, para que así ni en lo uno se ensoberbezca ni en lo otro desmaye.

Acuérdese siempre cómo no ha venido más de a ser santo, y así no admite reinar cosa en su alma que no encamine a santidad.

Siempre sea amigo más de dar a otros contento que a sí mismo, y así no tendrá envidia ni propiedad acerca del prójimo. Esto se entiende en lo que fuere según perfección, porque se enoja Dios mucho contra los que no anteponen lo que a él place al beneplácito de los hombres.

PROSAS

En esta desnudez halla el alma espiritual su quietud y descanso, porque, no codiciando nada, nada le fatiga hacia arriba y nada le oprime hacia abajo, porque está en el centro de su humildad, porque cuando algo codicia, en eso mismo se fatiga.

Ve el alma y gusta en esta divina unión abundancia, riquezas inestimables..., halla verdadero sosiego y luz divina, y gusta altamente de la sabiduría de Dios, que en la armonía de las criaturas y hechos de Dios relucen (...) Y así no se ha de entender que en lo que aquí se dice que siente el alma es como ver las cosas en la luz o las criaturas en Dios, sino que en aquella posesión siente serle todas las cosas Dios.

Las montañas tienen alturas, son abundantes, anchas, hermosas, graciosas, floridas y olorosas. Estas montañas es mi Amado para mí.

Los valles solitarios son quietos, amenos, frescos, umbrosos, de dulces aguas llenos, y en la variedad de sus arboledas y suave canto de aves hacen gran recreación y deleite al sentido, dan refrigerio y descanso en su soledad y silencio. Estos valles es mi Amado para mí.

Esto creo no lo acabará bien de entender el que no lo hubiere experimentado; pero el alma que lo experimenta, como ve que se le queda por entender aquello de que altamente siente, llámalo *un no sé qué*: porque así como no se entiende, así tampoco se sabe decir, aunque como he dicho se sabe sentir. Por eso dice que le quedan las criaturas balbuciendo, porque no lo acaban de dar a entender; que eso quiere decir balbucir, que es el hablar de los niños, que es no acertar a decir y dar a entender qué hay que decir.

Está el rayo de sol dando en una vidriera; si la vidriera tiene algunos velos de manchas o nieblas, no la podrá esclarecer y transformar en su luz totalmente como si estuviera limpia de todas aquellas manchas y sencilla; antes tanto menos la esclarecerá cuanto ella estuviera menos desnuda de aquellos velos y manchas, y tanto más cuanto más limpia estuviere. Y no quedará por el rayo, sino por ella; tanto, que, si ella estuviere limpia y pura del todo, de tal manera la transformará y esclarecerá el rayo, que parecerá el mismo rayo y dará la misma luz que el rayo, aunque, a la verdad, la vidriera, aunque se parece al mismo rayo, tiene su naturaleza distinta del mismo rayo; mas podemos decir que aquella vidriera es rayo o luz por participación. Y así el alma es como esta vidriera, en la cual siempre está embistiendo o, por mejor decir, en ella está morando esta divina luz del ser de Dios por naturaleza, que habernos dicho.

Mi alma está ya desnuda, desasida, sola y ajena de todas las cosas criadas de arriba y de abajo, y tan adentro entrada en el interior recogimiento contigo, que ninguna de ellas alcanza ya de vista el íntimo deleite que en ti poseo, es a saber, a mover mi alma a gusto con suavidad, ni a disgusto y molestia con su miseria y bajeza;

porque estando mi alma tan lejos de ellas y en tan profundo deleite contigo, ninguna de ellas lo alcanza de vista.

Por eso el enamorado vive siempre penado en la ausencia, porque él está ya entregado al que ama esperando la paga de la entrega que ha hecho, y es la entrega del Amado a él, y todavía no se le da, y, estando ya perdido a todas las cosas y a sí mismo por el Amado, no ha hallado la ganancia de su pérdida, pues carece de la posesión del que ama su alma.

Esta pena y sentimiento de la ausencia de Dios suele ser tan grande a los que van llegando a el estado de perfección al tiempo de estas divinas heridas, que, si no proveyese el Señor, morirían.

A manera de ciervo que —cuando está herido con yerba— no descansa ni sosiega buscando por acá y por allá remedios, ahora engolfándose en unas aguas, ahora en otras, y siempre le va creciendo más en todas las ocasiones y remedios que toma el toque de la yerba, hasta que se apodera bien del corazón y viene a morir; así el alma que anda tocada de la yerba del amor..., que no tiene otro remedio sino venirse a poner en las manos del que la hirió, para que despenándola la acabe ya de matar con la fuerza del amor.

Animándose ya la esposa y preciándose a sí misma en las prendas y precio que de su Amado tiene, viendo que, por ser cosas de Él —aunque ella de suyo sea de bajo precio y no merezca alguna estima—, merece ser estimada por ellas, atrévese a su Amado y dícele que ya no la quiera tener en poco ni despreciarla; porque, si antes merecía esto por la fealdad de su culpa y bajeza de su naturaleza, que ya después que Él la miró la primera vez en que la arreó con su gracia y la vistió con su hermosura, que bien la puede ya mirar la segunda y más veces, aumentándole la gracia y hermosura.

Porque el que discretamente ama no cura de pedir lo que le falta y desea, sino de representar su necesidad para que el Amado haga lo que fuere servido... Ni más ni menos hace ahora el alma representando sus tres necesidades, y es como si dijera: decid a mi Amado que, pues *adolezco* y Él sólo es mi salud, que me dé mi salud; y que, pues *peno* y Él sólo es mi gozo, que me dé mi gozo; y que, pues *muero* y Él sólo es mi vida, que me dé mi vida.

... **P**orque la contemplación es ciencia de amor, lo cual, como habernos dicho, es noticia infusa de Dios amorosa, que juntamente va ilustrando y enamorando el alma, hasta subirla de grado en grado hasta Dios, su Criador; porque sólo el amor es el que une y junta al alma con Dios.

Pero, si yo quisiese dar a entender la hermosura del entretejemiento que tienen estas flores y virtudes y esmeraldas entre sí o decir algo de la fortaleza y majestad que el orden y compostura de ellas ponen en el alma, y el primor y gracia con que la atavía esta vestidura de variedad, no hallaría palabras y términos con que darlo a entender... ¡Cuán maravillosa, pues, será para la vista espiritual esta alma esposa en la postura de estos dones a la diestra del Rey su esposo!

Y así, *un abismo llama a otro abismo* (Ps 41,8), conviene saber: un abismo de luz llama a otro abismo de luz... Y así la luz de la gracia que Dios había dado antes a esta alma, con que le había alumbrado el ojo del abismo de su espíritu abriéndoselo a la divina luz y haciéndola en esto agradable a sí, llamó otro abismo de gracia, que es esta transformación divina de el alma en Dios, con que el ojo del sentido queda tan esclarecido y agradable a Dios, que podemos decir que la luz de Dios y de el alma toda es una.

Porque ¿quién podrá escribir lo que a las almas amorosas donde Él mora hace entender?, y quién podrá manifestar con palabras lo que las hace sentir?, ¿y quién finalmente lo que las hace desear? Cierto, nadie lo puede; cierto, ni ellas mismas por quien pasa lo pueden; que ésta es la causa por que con figuras, comparaciones y semejanzas, antes rebosan algo de lo que sienten y de la abundancia de el espíritu vierten secretos y misterios que con razones lo declaran.

Siéntese aquí el espíritu apasionado en amor mucho, porque esta inflamación espiritual hace pasión de amor; que, por cuanto este amor es infuso, es más pasivo que activo, y así engendra en el alma pasión de amor.

Pero esto tiene la fuerza y vehemencia del amor, que todo le parece posible y todos le parece que andan en lo mismo que anda él, porque no cree que hay otra cosa en que nadie se deba emplear ni buscar sino a quien ella busca y a quien ella ama; pareciéndole que no hay otra cosa que querer ni en qué se emplearsino en aquello, y que también todos andan en aquello. Que, por eso, cuando la esposa salió a buscar a su Amado por las plazas y arrabales, creyendo que los demás andaban en lo mismo, les dijo que, si lo hallasen ellos, le hablasen diciendo de ella que penaba de su amor.

Es cosa maravillosa que, como el amor nunca está ocioso sino en continuo movimiento, como la llama está echando siempre llamaradas acá y allá, y el amor, cuyo oficio es herir para enamorar y deleitar, como en la tan alma está en viva llama, estále arrojando sus heridas como llamaradas ternísimas de delicado amor, ejercitando jocunda y festivamente las artes y juegos del amor, como en el palacio de sus bodas, como Asuero con la esposa Ester (2,17s), mostrando allí sus gracias, descubriéndola allí sus riquezas y la gloria de su grandeza.

Compárase el esposo al ciervo, porque aquí por el ciervo entiende a sí mismo. Y es de saber que la propiedad del ciervo es subirse a los lugares altos; y cuando está herido vase con gran priesa a buscar refrigerio a las aguas frías; y si oye quejar a la consorte y siente que está herida, luego se va con ella y la regala y acaricia. Y así hace ahora el esposo, porque, viendo la esposa herida de su amor, él también al gemido de ella viene herido del amor della; porque en los enamorados la herida de uno es de entrambos, y un mismo sentimiento tienen los dos.

Sintiéndose ya el alma toda inflamada en la divina unión y ya su paladar todo bañado en gloria y amor, y que hasta lo íntimo de su sustancia está revertiendo no menos que ríos de gloria, abundando en deleites..., dice con gran deseo a la llama —que es el Espíritu Santo— que rompa ya la vida mortal por aquel dulce encuentro, en que de veras la acabe de comunicar lo que cada vez parece que la va a dar cuando la encuentra, que es glorificarla entera y perfectamente.

Y porque esta llama de suyo es amorosa en extremo y tierna y amorosamente embiste en la voluntad, y la voluntad de suyo es seca y dura en extremo, y lo duro se siente cerca de lo tierno y la sequedad cerca del amor, embistiendo esta llama amorosa y tiernamente en la voluntad, siente la voluntad su natural dureza y sequedad para con Dios; y no siente el amor y ternura de la llama estando ella prevenida con dureza y sequedad —en que no caben estos dos contrarios de ternura y amor— hasta que, siendo expelidas por ellos, reine en la voluntad amor y ternura de Dios.

Y de esta manera era esta llama esquiva a la voluntad, haciéndola sentir y padecer su dureza y sequedad.

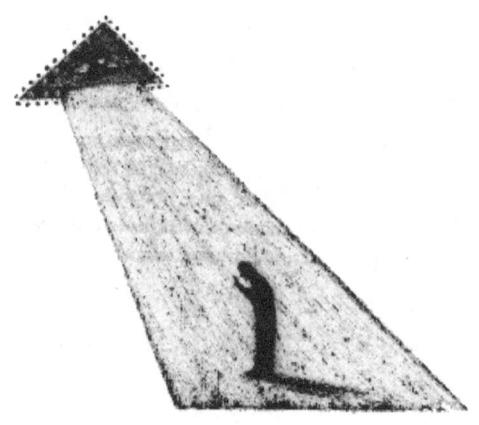

Y porque esta tal alma, antes que llegase a este alto estado anduvo con grande amor buscando a su Amado, no satisfaciendo de cosa sin él, canta aquí el mismo esposo el fin de sus fatigas y el cumplimiento de los deseos de ella, diciendo que ya la tortolica / al socio deseado / en las riberas verdes ha hallado; que es tanto como decir: Ya el alma esposa se sienta en ramo verde, deleitándose en su Amado; y ya bebe el agua clara de muy alta contemplación y sabiduría de Dios.

Donde es de saber que el amor natural de las almas que llegan a este estado, aunque la condición de su muerte en cuanto el natural es semejante a las demás, pero en la causa y en el modo de la muerte hay mucha diferencia, porque, si las otras mueren muerte causada por enfermedad mueran o en cumplimiento de edad, no las arranca el alma sino algún ímpetu y encuentro de amor mucho más subido que los pasados y más poderoso y valeroso, pues pudo romper la tela y llevarse la joya de el alma. Y así la muerte de semejantes almas es muy suave y muy dulce; más que les fue la vida espiritual toda su vida; pues que mueren con más subidos ímpetus y encuentros sabrosos de amor, siendo ellas como el cisne, que canta más suavemente cuando se muere.

En lo que dice luego: y me dejaste con gemido, es de notar que la ausencia de el Amado causa continuo gemir en el amante, porque, como fuera de él nada ama, en nada descansa ni recibe alivio... Este gemido, pues, tiene aquí el alma dentro de sí en el corazón enamorado, porque donde hiere el amor allí está el gemido de la herida clamando siempre en el sentimiento de la ausencia, mayormente cuando, habiendo ella gustado alguna dulce y sabrosa comunicación del esposo, ausentándose, se quedó sola y seca de repente.

Los nuevos amadores son comparados al vino nuevo. Éstos son los que comienzan a servir a Dios, porque traen los fervores del vino del amor muy por defuera en el sentido, porque aún no han digerido la hez del sentido flaco e imperfecto, y tienen la fuerza del amor en el sabor de él (...) Los viejos amadores, que son ya los ejercitados y probados en el servicio del esposo, son como el vino anejo que tiene ya cocida la hez, y no tiene aquellos hervores sensitivos ni aquellas furias y fuegos fervorosos de fuera, mas gustan la suavidad del vino de amor ya bien cocido en sustancia, estando ya él, no ya en aquel sabor de sentido como el amor de los nuevos, sino asentado allá dentro en el alma en sustancia y sabor de espíritu y verdad de obra.

Como ella nunca ha experimentado aquella novedad que la hace salir y deslumbrar y desatinar de su primer modo de proceder, antes piensa que se va perdiendo que acertando y ganando, como ve que se pierde acerca de lo que sabía y gustaba, y se ve por donde no sabe si gusta. Así como el caminante, que, para ir a nuevas tierras no sabidas, va por nuevos caminos ni sabidos ni experimentados, que camina no guiado por lo que sabía antes, sino en dudas y por el dicho de otros, y claro está que éste no podría venir a nuevas tierras ni saber más de lo que antes sabía, si no fuera por caminos nuevos nunca sabidos, y dejados los que sabía.

Conviene que para que la voluntad pueda venir a sentir y gustar por unión de amor esta divina afección y deleite, tan subido que no cae en la voluntad naturalmente, sea primero purgada y aniquilada en todas sus afecciones y sentimientos..., para que tenga disposición pura y sencilla y el paladar purgado y sano para sentir los subidos y peregrinos toques del divino amor en que se verá transformada divinamente.

Claro está que cuanto más uno pusiese los ojos en los criados del rey y más reparase en ellos, menos caso hacía del rey y en tanto menos le estimaba; porque, aunque el aprecio no esté formal y distintamente en el entendimiento, estálo en la obra, pues cuanto más pone en los criados, tanto más quita de su señor, y entonces no juzgaba éste del rey muy altamente, pues los criados le parecen algo delante del rey, su señor. Así acaece al alma para con su Dios cuando hace caso de las dichas criaturas. Aunque esta comparación es muy baja, porque Dios es de otro ser que suscriaturas, en que infinitamente dista de todas ellas.

La huella es rastro de aquel cuya es la huella, por la cual se va rastreando y buscando quien la hizo. La suavidad y noticia que da Dios de sí al alma que le busca es rastro y huella por donde se va conociendo y buscando Dios (...) Esta suavidad y rastro que Dios deja de sí en el alma, grandemente la aligera y hace correr tras de él, porque entonces el alma muy poco o nada es lo que trabaja de su parte para andar este camino; antes es movida y atraída de esta divina huella de Dios, no sólo a que salga, sino a que corra de muchas maneras (como habernos dicho) al camino.

Porque eso me da que un ave esté asida a un hilo delgado que a uno grueso, porque, aunque sea delgado, tan asida se estará a él como al grueso en tanto que con le quebrare para volar. Verdad es que el delgado es más fácil de quebrar; pero, por fácil que es, si no le quiebra, no volará. Y así es el alma que tiene asimiento en alguna cosa, que aunque más virtud tenga, no llegará a la libertad de la divina unión.

Esta purgativa y amorosa noticia o luz divina que aquí decimos, de la misma manera se ha en el alma..., que se ha el fuego en el madero para transformarle en sí; porque el fuego material, en aplicándose al madero, lo primero que hace es comenzarle a secar, echándole la humedad fuera y haciéndole llorar el agua que en sí tiene; luego le va poniendo negro, oscuro y feo y aún de mal olor y, yéndole secando poco a poco, le va sacando a luz y echando afuera todos los accidentes feos y oscuros que tiene contrarios al fuego y, finalmente, comenzándole a inflamar por de fuera y calentarle, viene a transformarle en sí y ponerle hermoso como el mismo fuego (...) A este mismo modo, pues, habemos de filosofar acerca de este divino fuego de amor de contemplación, que, antes que una y transforme el alma en sí, primero la purga de todos sus accidentes contrarios, hácela salir afuera sus fealdades y pónela negra y oscura, y así parece peor que antes y más fea y abominable que solía.

Profunda es esta guerra y combate, porque la paz que espera ha de ser muy profunda; y el dolor espiritual es íntimo y muy delgado, porque el amor que ha de poseer ha de ser también muy íntimo y apurado; porque, cuanto más íntima y esmerada ha de ser y quedar la obra, tanto más íntima, esmerada y pura ha de ser la labor, y tanto más fuerte cuanto el edificio más firme.

¡Oh, pues, alma hermosísima entre todas las criaturas, que tanto deseas saber el lugar donde está tu Amado para buscarle y unirte con Él!, ya se te dice que tú misma eres el aposento donde Él mora y el retrete y escondrijo donde está escondido; que es cosa de grande contentamiento y alegría para ti ver que todo tu bien y esperanza está tan cerca de ti que esté en ti, o, por mejor decir, tú no puedas estar sin él.

Porque es de saber que el mismo fuego de amor que después se une con el alma glorificándola es el que antes la embiste purgándola; bien así como el mismo fuego que entra en el madero es el que primero le está embistiendo e hiriendo con su llama, enjugándole y desnudándole de sus feos accidentes, hasta disponerle con su calor, tanto, que pueda entrar en él y transformarle en sí.

¡Oh, cuán dichosa es esta alma que siempre siente estar Dios descansando y reposando en su seno!... Está él allí de ordinario como dormido en este abrazo con la esposa, en la sustancia de su alma, al cual ella muy bien siente y de ordinario goza. Porque si estuviese siempre en ella recordado, comunicándose las noticias y los amores, ya sería estar en gloria, porque si una vez que recuerda tantico, abriendo el ojo, pone tal al alma, como habemos dicho, ¿qué sería si de ordinario estuviese en ella para ella bien despierto?

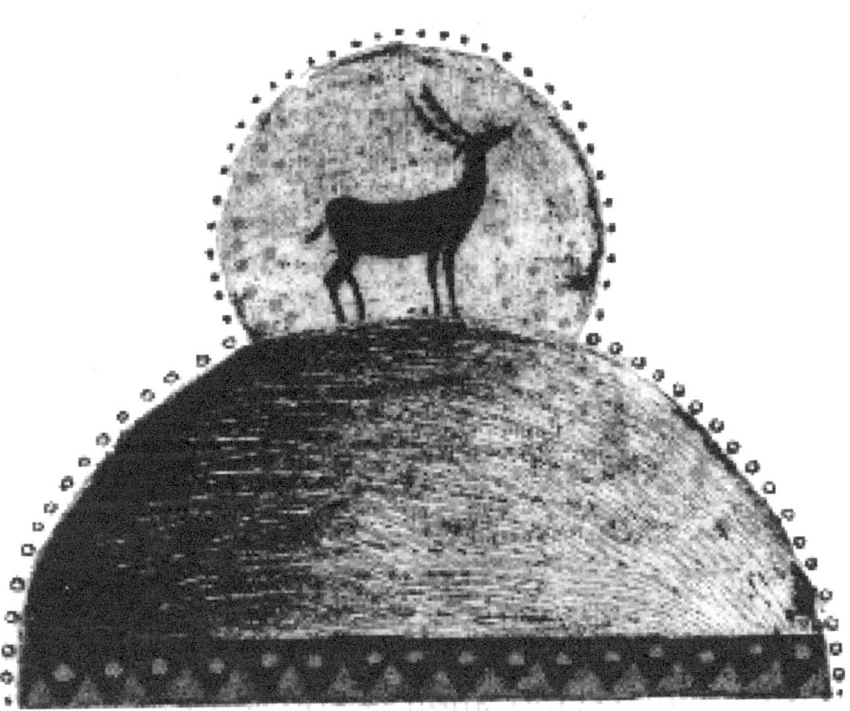

ÍNDICE

✝

Este
libro se
terminó de imprimir
el 14 de diciembre de 2024,
cuadrigentésimo octogésimo primer
aniversario de la muerte del poeta.

———